Introduzione

Mi chiamo Alessio Mattarese e ho deciso di scrivere questo libro poiché da qualche anno mi sono avvicinato al mondo delle cryptovalute.
Un colpo di fulmine direi o un enorme curiosità per questo mondo mi ha spinto giorno dopo giorno a studiare ed imparare sempre di più su questo nuovo mondo.

Piccola premessa, questo libro è adatto soprattutto per i principianti o per tutti coloro che ne vorrebbero sapere di più prima di avvicinarsi o di entrare nel mondo delle criptovalute.

Troverai capitoli con nozioni basi, imparerai cos'è una coin, un token, una ico e la differenza tra i token e una coin.

In questa guida troverai capitoli dove non solo capirai come acquistare una crypto.
Imparerai il funzionamento del mining e dello stakes.
Inoltre imparerai ad evitare tante insidie, "scam o truffe", che si aggirano in questo mondo.

Riserverò un capitolo sull'aspetto finanziario legale, ad esempio su come dichiarare il vostro patrimonio.

Questo libro non consiglia nessun investimento finanziario è stato scritto solo per uno scopo informativo.

UNO
Il mondo delle criptovalute.

Le criptovalute prendono anche il nome di "cryptocurrency" il termine in inglese che tradotto letteralmente significa proprio "criptovaluta".
Il mondo sta prendendo coscienza che esiste una tecnologia nuova la cui proposizione dirompente è quella di essere una valuta alternativa all'intera infrastruttura monetaria su cui si basa la nostra economia.
L'idea alla base che ha portato alla nascita delle cryptovalute e di sfruttare la tecnologia per inviare e ricevere denaro in maniera crittografata.
La cryptovaluta è una moneta in formato digitale che vede la sua comparsa nel 2009.
La caratteristica delle criptovalute sviluppatesi negli anni e che non sono direttamente controllate dai governi centrali.
Le criptovalute si basano su una tecnologia detta blockchain.

Quali sono le caratteristiche delle criptovalute?
Una criptovalute si identifica per le seguenti caratteristiche:

- È digitale.
- La moneta virtuale esiste sono all'interno dei computer non esistono monete o banconote.
- Può essere scambiata in molti siti web.
- È un sistema decentrato.
- L'insieme delle valute digitali non dispongono di un server centrale dove sono raccolte.

Le monete virtuali sono infatti distribuite attraverso una rete che coinvolge migliaia di computer.
- Sono Peer-to-Peer;
- Lo scambio delle criptovalute avviene direttamente tra le persone.
- Un'altra caratteristica delle criptovalute è l'anonimato.
- Per scambiarle con un utente non è richiesto di fornire i propri dati personali.
- Non vi sono regolamenti su chi può utilizzarle e chi no.
- Sono crittografate.
- Ogni utente ha a disposizione di codici speciali che impediscono ad altri utenti di entrare in possesso delle proprie monete virtuali.
- I sistemi sono crittografati e risultano praticamente impenetrabili da soggetti terzi.
- È possibile scambiarle ovunque.
- Grazie alle criptovalute si evitano i problemi dei tassi di cambio tra diverse monete presenti in tutto il mondo. In altre parole, le criptovalute non hanno confini e possono essere scambiate liberamente.

DUE
Bitcoin.

Era il lontano 2008 quando un personaggio che si firmava sotto pseudonimo fece la sua comparsa proponendo una moneta globale sostenuta da una rete P2P.
Questo personaggio, del quale dodici anni dopo ancora non si conosce la sua vera identità, passerà alla storia con lo pseudonimo di Satoshi Nakamoto.
Più precisamente Satoshi fa la sua comparsa nel mese di novembre (2008) pubblicando su "The Cryptography mailing list" (sul sito "Metzdowd.Com") un documento riguardante il protocollo di consenso che consentirà il funzionamento di Bitcoin.
Pochi mesi dopo (nel 2009) verrà distribuita la prima versione del software a cui iniziano a lavorare anche altri sviluppatori.
Poco più di un anno dopo la nascita di Bitcoin (nel 2010) Satoshi si ritira dalla community, il suo ultimo messaggio pubblico risale al 2011 e serve a comunicare il passaggio di consegne con Gavin Andresen.
E' forse proprio questa la cosa più strana di questa tecnologia, che la persona che l'ha sostanzialmente inventata (anche se non dal nulla) sia stata capace non solo di rimanere anonima tutto questo tempo, ma abbia addirittura deciso di uscire completamente dalla scena nel giro di neanche due anni dopo aver dato vita alla sua creazione, che Satoshi Nakamoto finisca sui libri di scuola è inevitabile.

E' importante capire che quando pensiamo a Satoshi, parliamo di una delle menti più brillanti di questo secolo. La matematica che sostiene Bitcoin e ne consente il funzionamento, infatti, è comunemente considerata così evoluta che in molti sono arrivati a sostenere che dietro lo pseudonimo di Satoshi Nakamoto non si celi una sola persona ma bensì un team di hacker dalle solidissime competenze.
Nel documentario targato Netflix (Banking on Bitcoin, 2016) possiamo trovare una tra le ricostruzioni più plausibili di come siano andate le cose.
A creare Bitcoin, quindi, dovrebbe essere stato uno dei maggiori esponenti del movimento cypherpunk, per cui inevitabilmente uno o più tra Nick Szabo, Hal Finney, Adam Back e Wei Dai.
Il cypherpunk, di cui probabilmente quasi nessuno ha mai sentito parlare nel nostro paese se non forse che pochi "appassionati", era un movimento contro culturale composto informalmente da persone interessate alla privacy che si proponeva di raggiungere la libertà individuale mediante l'utilizzo della crittografia.
L'impostazione ideologica che questi gruppi hanno sempre avuto è stata di carattere libertario, oscillando tra l'anarchismo sociale, l'anarco-individualismo e l'anarco-capitalismo.
Ancora oggi, la componente anarchica nel mondo delle criptovalute è chiaramente riconoscibile, nonostante in questo mondo ci siano poi entrate anche grandi banche, istituzioni nazionali, imprenditori e persone comuni che in qualunque modo possono essere definite tranne che anarchiche.

Questa tecnologia, in ogni caso, affonda le sue radici in un humus culturale (quello anarchico) che rappresenta ancora oggi il filo conduttore attraverso più di una decade di sviluppo tecnologico.
Ma torniamo all'identità di Satoshi, "Banking on Bitcoin" fa una ricostruzione su chi possa essere che a me (e a molto altri), pare essere molto verosimile.
Dietro lo pseudonimo di Satoshi Nakamoto ci sarebbe proprio Hal Finney (esponente di spicco del cypherpunk made in USA), ammalatosi di SLA nel 2011 e deceduto nel 2014 all'età di 58 anni.
Subito alle spalle di Finney tra i più quotati per impersonare il ruolo di Satoshi abbiamo poi Nick Szabo, famoso nel mondo della crittografia per essere l'inventore del concetto di "smart contract" (di cui ci occuperemo meglio quando parleremo di Ethereum) e che già nel 1998 aveva tentato qualcosa di simile con la valuta alternativa chiamata BitGold.
C'è stato anche un momento in cui un imprenditore australiano (Craig Steven Wright) era sembrato poter essere il vero Satoshi ma ben presto anche questa ipotesi è stata scartata.
A questo punto qualcuno potrebbe dire che ovviamente Satoshi ora è sparito.
Essendo diventato ricco, avrà convertito tutti i suoi Bitcoin in dollari e starà passando il resto dei suoi giorni sorseggiando cuba libre alle Maldive!.
In realtà quali siano gli indirizzi di proprietà di Satoshi lo sappiamo benissimo e su questi indirizzi sono bloccati centinaia di Bitcoin che non vengono movimentati da anni.

E' questo che ci porta a sospettare che Satoshi possa essere proprio Hal Finney (deceduto nel 2014), perché c'è stato un momento, quando le quotazioni di Bitcoin si sono spinte fino a 20.000$, in cui anche solo 100BTC sono arrivati a valere 2mln di dollari (e sugli indirizzi di Satoshi sono complessivamente bloccati più di 100BTC), il fatto che tutti questi soldi siano rimasti bloccati sui rispettivi indirizzi tutti questi anni senza essere mai movimentati suggerisce l'idea che semplicemente il proprietario di quei Bitcoin (cioè Satoshi) sia venuto a mancare.

Posto che non conosceremo mai la vera identità di Satoshi Nakamoto, che diamo quasi sempre per scontato che sia un uomo ma potrebbe essere una donna, potrebbe essere persino un marziano, per quel che ne sappiamo.

Bitcoin appare già (in soli dodici anni dalla sua nascita) essere stato capace di sopravvivere al suo inventore e tutto questo nonostante abbia vissuto momenti molto cruenti nel corso della sua giovane vita.

TRE
Ethereum.

Ormai è chiaro perché parlando di criptovalute abbiamo sempre usato parole come "ecosistema", "mondo" o altre simili.
Parliamo di un vero e proprio universo, popolato da migliaia di progetti (sul mercato ci sono più di 800 criptovalute diverse e addirittura 1200 token).
Tra tutte queste centinaia di blockchain diverse, quella comunemente più nota al grande pubblico (dopo Bitcoin) è senza dubbio Ethereum.
Nata su impulso di un giovane sviluppatore, tra i più famosi nel mondo delle criptovalute, Vitalik Buterin (russo di origini ma canadese d'adozione), la prima versione della piattaforma venne lanciata nell'estate 2015.
Buterin, però, aveva avuto l'opportunità di presentare la sua idea già un paio d'anni prima (nel 2013) con la presentazione di un WhitePaper in cui sosteneva la necessità di sviluppare un nuovo linguaggio di scripting per lo sviluppo di applicazioni su blockchain.
Sulla base di questa prima istanza nacque l'idea di una nuova criptovaluta al cui team di sviluppatori decisero di collaborare anche Mihai Alisie, Anthony Di Iorio e Charles Hoskinson.
A partire dal dicembre 2013, iniziarono a dare fisicamente vita all'idea attraverso una società Svizzera, Ethereum Switzerland GmbH, cui seguì la nascita di una fondazione senza scopo di lucro
(la Fondazione Ethereum, sempre con sede in Svizzera).

Le prime versioni del software in linguaggio Go e in linguaggio C++ furono rilasciate nel febbraio 2014 mentre risale al bimestre luglio-agosto 2014.
La fase di finanziamento (avvenuto raccogliendo BTC) con un crowdsale pubblico online.
Il 30 luglio 2015 venne lanciata la prima versione della piattaforma (chiamata Frontier) ed è quindi questa la data in cui possiamo far cadere ufficialmente la nascita di ETH.
Intendiamoci, di criptovalute alternative a Bitcoin ne erano già nate parecchie prima del 2015 e nonostante alcune avessero espresso grandi sforzi per distinguersi rispetto al "fratello maggiore", tutte le monete in circolazione venivano (e per certi versi lo sono ancora) considerate come dei cloni di Bitcoin.
La nascita di Ethereum (intesa come piattaforma, prima che come moneta) scombina completamente le carte in tavola.
Ethereum, infatti, prima di ogni altra cosa, andrebbe considerata una piattaforma open source di distributed computing pensata non solo per consentire il trasferimento di valore secondo i principi tipici di Bitcoin (una valuta P2P, quindi) ma per consentire di creare, pubblicare e gestire smart contract con la stessa filosofia. Per capire di cosa stiamo parlando dobbiamo fermarci un attimo a chiarire cosa siano gli smart contract.
Stiamo parlando, molto semplicemente, di "programmi" scritti utilizzando i più comuni linguaggi di programmazione che hanno la caratteristica di essere "auto-eseguibili" cioè, in presenza di determinate condizioni, sono capaci di eseguire compiti specifici.

Secondo la definizione che ne dà Wikipedia, quindi, gli smart contract sono "protocolli informatici che facilitano, verificano, o fanno rispettare, la negoziazione o l'esecuzione di un contratto, permettendo talvolta la parziale o la totale esclusione di una clausola contrattuale".

Per capirci facciamo un esempio e immaginiamo di dover pagare il nostro affitto di casa usando ETH, normalmente con una banca quello che faremmo sarebbe predisporre un bonifico permanente, di importo pari a quello stabilito per l'affitto, a beneficio del padrone di casa.

Ebbene, possiamo fare la stessa identica cosa usando Ethereum come valuta e scrivendo uno smart contract al posto del bonifico permanente.

Si tratterebbe, molto banalmente, di un "programma" capace di sbloccare l'erogazione di quanto concordato ogni primo giorno del mese.

Lo smart contract, quindi, non farebbe altro che verificare la data corrente e, qualora la data del giorno fosse uguale a 1 (se fossimo cioè al primo giorno del mese), sbloccherebbe il pagamento per un importo pari a quello dell'affitto.

Come chiunque può intuire, le applicazioni degli smart contract sono potenzialmente infinite e questo ha portato Ethereum ad essere considerata comunemente come la concorrente più temibile per Bitcoin.

L'entusiasmo che iniziava a circolare intorno all'idea di Buterin era palpabile, finalmente sembrava possibile sviluppare in maniera tutto sommato facile un progetto di qualunque tipo sfruttando le potenzialità offerte da questa nuova piattaforma.

I nuovi token, quindi, spuntarono fuori da subito (abbiamo detto che attualmente ce ne sono più di mille in circolazione) e nulla sembrava poter arrestare la crescita della creatura di Vitalik.
Siamo però arrivati al 2016, la fatidica data dello scandalo The DAO.
Iniziamo subito col dire che DAO è l'acronimo inglese di decentralized autonomous organization, che tradotto in italiano significa appunto "organizzazione autonoma decentralizzata".
Si tratta in pratica di un'organizzazione il cui regolamento è codificato come un programma per computer, sotto il controllo diretto degli "azionisti", trasparente e non influenzata da un governo centrale.
Nel 2016, dicevamo, nacque l'idea di un fondo di venture capital con lo scopo di raccogliere capitali per finanziare progetti che, dopo essere stati preliminarmente valutati da un comitato ad hoc e sottoposti a votazione degli holders, avrebbero potuto ricevere dei finanziamenti offrendo in cambio una partecipazione agli utili.
Questo fondo prese il nome di The DAO ed il relativo token (omonimo) era sostanzialmente un securities token.
L'idea, sull'onda dell'entusiasmo crescente, ebbe un grande successo arrivando a raccogliere ben 150mln di dollari nel maggio del 2016 e perdendone però subito la metà (70mln di dollari nel giugno 2016) a causa di un attacco informatico che riuscì a violare l'indirizzo sul quale i fondi erano custoditi.
Il problema venne gestito con una certa urgenza e già un mese dopo, nel luglio del 2016, fu deciso, a seguito di un voto, di implementare un hard fork nel codice Ethereum

e di spostare gli Ether sottratti durante l'attacco in un nuovo smart contract di modo da poterli così restituire agli utenti a cui erano stati rubati.

Questa idea però minava alla base il concetto di immutabilità della blockchain per cui la comunità di Ethereum si spaccò sostanzialmente in due dando vita all'hard fork che porterà alla nascita di Ethereum Classic (ETC).

Da quel momento, quindi, esistono due catene differenti le cui monete sono identificate dalle sigle ETH (per Ethereum) ed ETC (per Ethereum Classic).

Il fork però non chiuse definitivamente la questione, lo scandalo The DAO era infatti arrivato alle orecchie della SEC (l'equivalente americano della nostra Consob) che da quel momento accese i riflettori su Ethereum.

Dal momento che il token The Dao appariva chiaramente come una security la procedura con cui li si proponeva e vendeva al pubblico avrebbe dovuto rispettare le normative previste negli USA.

Gli investitori, in altre parole, erano stati truffati.

Anche se ormai pare chiaro a tutti che Ethereum non sia di per sé una securities, la questione relativa alla necessità di regolamentare il comparto non si è mai conclusa.

Due grossi scandali come il fallimento di MtGox e il caso The DAO avrebbero probabilmente ucciso un mercato che non fosse già stato sufficientemente maturo per affrontare uno scenario del genere.

Il settore del crypto, pur essendo innegabilmente uscito indebolito da quanto accaduto, seppe, come ci dimostra la storia, reagire con forza a questi problemi, lasciandoseli alle spalle nel giro di appena un anno.

QUATTRO
Cos'è una blockchain.

La blockchain, molto semplicemente, non è altro che un database distribuito.
Da Wikipedia ricaviamo una definizione facile da comprendere di cosa sia un database, per cui parliamo di "un archivio di dati strutturato in modo da razionalizzare la gestione e l'aggiornamento delle informazioni e da permettere lo svolgimento di ricerche complesse".
Quindi, traducendo questa definizione in un linguaggio facilmente comprensibile a tutti, stiamo parlando di uno spazio virtuale nel quale è possibile archiviare ogni genere di informazione (economica, ma non solo).
Abbiamo però detto che una blockchain non è semplicemente un data base, ma è un data base distribuito, che cosa significa?.
Facile, significa che una copia delle informazioni archiviate in questo data base è conservata in ognuno dei computer che fanno parte della rete.
Ma se una blockchain non è altro che un data base cosa rende questa tecnologia così rivoluzionaria?.
A rendere così innovativa questa tecnologia è il fatto che a differenza di qualunque altro data base la blockchain è sostanzialmente blindata.
Per intenderci, anche il meno esperto di questioni informatiche sa benissimo che qualunque infrastruttura informatica può essere hackerata, non importa quante misure di sicurezza si possano avere, quando un data base è accessibile attraverso il web allora può essere

hackerato.
Questo vale per qualunque archivio su internet, ma non vale per una blockchain.
Una blockchain è sostanzialmente un database distribuito e blindato.
Il fatto, poi, che questo archivio di dati sia "distribuito" ci permette di iniziare a prendere confidenza anche col concetto di "decentralizzazione"; normalmente, infatti, i database sono "centralizzati" cioè sono di proprietà di un'azienda o di un'istituzione che si occupa di aggiornarli, di renderli accessibili alle persone che possono aver bisogno di consultarli e pone in essere tutte le misure di sicurezza necessarie non solo a prevenire il furto di informazioni ma anche ad evitare che i dati archiviati su quella infrastruttura vengano manipolati e corrotti.

Dal momento, però, che abbiamo detto che la blockchain è un database distribuito, capiamo bene che non c'è un organo "centrale" che si occupi di fare tutte queste cose, ma che sono tutti i computer della rete che partecipano collettivamente a questi processi.
Semplificando un po' possiamo affermare che esistono tre tipi di reti:

1. Le "reti centralizzate" (spesso chiamate anche "a stella") nelle quali i dati vengono trasmessi a partire da un punto centrale a tutti gli utenti.
2. Le "reti decentralizzate" in cui iniziamo ad avere dei nodi centrali che trasmettono le informazioni tra loro senza una precisa gerarchia.
3. Le "reti distribuite" in cui tutti i nodi sono in

comunicazione tra loro senza che vi sia una gerarchia definita.

Compresi questi primi concetti abbiamo già modo di intuire per quale motivo la tecnologia blockchain venga comunemente considerata la più grande innovazione tecnologica dopo l'avvento di Internet, perché per la prima volta abbiamo a nostra disposizione un database perfettamente sicuro senza bisogno che vi sia un organo centrale a gestirlo e a garantirne la sicurezza.

Adesso ti aiuterò a capire come funziona.
Intanto per rendere più facile comprendere il tutto abbiamo bisogno di fare un esempio concreto e, quindi, parleremo del caso d'uso più tipico che riguarda questa tecnologia.
Cioè il trasferimento di valore (o denaro) da un utente all'altro.
Per trasferire denaro da una persona all'altra siamo attualmente tutti abituati a usare i bonifici.
Quello che succede, molto semplicemente, è che ogni banca tiene dei registri in cui riporta il saldo complessivo di ogni correntista e le movimentazioni fatte da e verso quel determinato conto.
Quando faccio un bonifico (poniamo caso di 100€) dal mio conto a quello di un'altra persona la mia banca traccia il movimento e segna sul suo registro una transazione di importo pari a -100€ dal mio conto, scala quindi questa somma dal mio saldo complessivo e invia il denaro alla banca della persona a cui lo sto trasferendo.
Questa, a sua volta, farà altrettanto segnando (però

questa volta sul proprio registro) un movimento di +100€ e sommandolo al saldo complessivo del correntista beneficiario del bonifico.

Con una blockchain succede esattamente la stessa cosa, solo che il registro non lo detiene una banca ma sono tutti i computer che partecipano alla rete ad avere una copia di questo documento.

Quando invio ad esempio un Bitcoin a una persona, tutti i computer che partecipano alla rete segnano il movimento sul registro e scalano 1 BTC dal mio conto mentre, allo stesso tempo, sommano lo stesso importo a beneficio del destinatario.

La prima domanda che a questo punto sorge spontaneo porsi riguarda il fatto e che, dal momento che il registro non solo è condiviso da tutti i computer della rete ma è anche pubblico (è cioè accessibile a tutti in consultazione mediante appositi siti chiamati "explorer"), chiunque potrebbe avere accesso alla movimentazione del mio conto invadendo quindi la mia privacy.

In realtà i conti (che d'ora in avanti chiameremo "indirizzi") non sono riconducibili a un nome e un cognome (cioè a una persona fisica) ma sono "stringhe" composte da un minimo di 26 a un massimo di 35 caratteri alfanumerici.

Per questo motivo si dice che le transazioni in bitcoin sono anonime.

In realtà le cose non stanno nemmeno così, il bitcoin infatti non è anonimo ma "pseudo-anonimo".

Questo significa, molto semplicemente, che pur non essendo gli indirizzi intestati a delle vere e proprie persone fisiche è possibile comunque seguire le tracce informatiche che queste transazioni lasciano sul web

fino a risalire all'utenza (cioè al punto in cui l'utente si è collegato a Internet o il dispositivo con cui si è collegato) e definire così l'identità della persona fisica che controlla quel determinato indirizzo.
Detto questo torniamo al nostro trasferimento di denaro e introduciamo un'altra differenza rilevante rispetto a quanto avviene nel sistema bancario.
Quando movimento il mio denaro attraverso una banca questa provvede immediatamente a tracciare ogni transazione e fa altrettanto con ogni altro movimento, in una blockchain le operazioni fatte dai vari utenti vengono "accorpate" ed inserite dentro a dei blocchi.
Per capire cosa sia un blocco possiamo immaginarlo come una scatola che contiene le informazioni
(indirizzo mittente, importo movimentato, indirizzo destinatario) relative a tutte le transazioni "ordinate" dagli utenti nell'unità di tempo.
Con Bitcoin, ad esempio, viene generato un blocco ogni 10 minuti.
Chi nel corso della sua vita si sia trovato a fare un inventario non ha difficoltà a comprendere come funzioni questa tecnologia.
Si tratta quindi di una buona metafora per spiegare come funziona una blockchain.
Quando facciamo un inventario non facciamo altro che prendere tutta la merce che abbiamo in magazzino, riporla all'interno di alcune scatole (numerate in ordine crescente) riportando su un registro il contenuto di ogni singola scatola.
Ordinando con criterio le diverse scatole, a inventario terminato, disporrò anche di una "mappa" cartacea che illustra dove si trova ogni singolo articolo all'interno del

magazzino.

Se immaginiamo l'inventario di un ristorante che sta chiudendo l'attività, ad esempio, ci ritroviamo tutti gli utensili della cucina (coltelli, posate, piatti, pentole, bicchieri, etc), conservati in un magazzino e riposti all'interno di scatole.

Dato che le scatole sono numerate e che ho riportato sul registro il contenuto di ogni singola scatola, in qualunque momento dovessi avere bisogno, per esempio, dello scolapasta, consultando il registro potrei conoscere la sua esatta posizione.

Una blockchain, quindi, può essere immaginata come l'inventario di tutte le transazioni fatte.

In pratica, non è altro che un enorme registro che riporta la traccia di tutti i blocchi eseguiti dalla rete sin dalla sua nascita.

Il termine "blockchain" tradotto in italiano significa infatti "catena di blocchi" e restituisce bene l'idea di come funzioni tutto questo processo.

Ogni blocco registrato sulla blockchain è legato a quello precedente.

Questo aspetto è fondamentale per comprendere il motivo per cui questa tecnologia è così affidabile, se un soggetto malintenzionato tentasse di manipolare le informazioni contenute in uno dei blocchi già processati dalla rete, infatti, questa modifica provocherebbe una serie di anomalie a catena su tutti i blocchi successivi e gli altri computer della rete, ritrovandosi ad avere a che fare con un documento differente da quello che hanno a propria disposizione, sarebbero capaci di definire la natura malevola dell'operazione bloccandola quindi istantaneamente.

I computer che fanno parte della rete non si limitano però a trascrivere le transazioni presenti all'interno di un blocco sulla blockchain, ma le validano, quando il blocco è validato dalla rete e non può più essere modificato.
La blockchain, quindi, non è solo un registro (o database) blindato e distribuito ma è anche immutabile.
Arrivati a questo punto fermiamoci un attimo per riepilogare i concetti sin qui espressi.
Quando un utente desidera trasferire del denaro a un altro utente quello che fa è spedire la somma dal suo indirizzo a quello del destinatario.
Le informazioni di questa singola transazione vengono inserite all'interno di un blocco insieme alle informazioni relative a tutte le transazioni ordinate negli ultimi dieci minuti, la rete quindi prende in carico il blocco, lo processa, lo convalida e lo trascrive sulla blockchain.
Da quel momento le informazioni contenute nel blocco diventano immutabili e non possono più essere modificate, facile no?.

CINQUE
Dove comprare le crypto.

È una domanda che non solo molti trader principianti si pongono, ma anche investitori interessati a questo settore che negli ultimi anni ha vissuto alti e bassi. Questo capitolo vuole essere una guida completa non solo su dove comprare criptovalute, ma anche su come acquistarle.

Infatti, rispetto alle valute tradizionali i canali per negoziare valute digitali sono tendenzialmente diversi, anche se ultimamente stanno nascendo sempre più soluzioni, sintomo che c'è un interesse crescente per questo settore.

Le criptovalute a cavallo tra 2017 e il 2018 hanno conosciuto un'impennata nei prezzi senza precedenti, ma nel corso del 2018 hanno subito una pesante battuta dal resto.

Basti pensare che il Bitcoin è passato da quasi 20.000 $ nel dicembre del 2017 a poco più di 3.000 $ solo 12 mesi dopo.

Dal 2020 proseguendo nel 2021 il trend è di nuovo crescente e nel momento della stesura di questa guida il Bitcoin viaggia sui 55.000 $.

Spesso, quando si parla di criptovalute si pensa al solo Bitcoin, dato che è la prima criptovaluta al mondo e quella con più capitalizzazione di mercato.

Nonostante la dominante del BTC sia molto elevata, c'è da considerare anche il restante che è costituito da tutte le altre criptovalute, chiamate anche altcoin.

Tra le più famose troviamo Ethereum, Litecoin ecc.

Quindi quando ci si pone la domanda "dove come comprare le cryptovalute?" non si sta parlando solo del Bitcoin, ma anche delle altre crypto.

Le altcoin rispetto al Bitcoin sono meno stabili, ma con un valore inferiore e talvolta con maggiori margini di guadagno appunto al tempo stesso anche il rischio più elevato, infatti in finanza una maggiore possibilità di rendimento deriva anche da un elevato rischio punto invece verso un rendimento basso può indicare anche un rischio meno elevato.

Il Bitcoin e le altcoin sono spesso molto volatili e sono capaci di ottenere variazioni di prezzo nel giro di poco tempo, anche nell'arco di poche ore o giorni.

Tutto ciò è necessario che io lo dica per avvisarvi che i crypto asset sono certamente meno stabili di altri asset finanziari ed è chiaro che prima di investire dovreste conoscerli bene, sapere qual è il rischio e che la responsabilità dei vostri investimenti resta nelle vostre mani.

Non essendo monete fisiche, ma solo digitali, esse esistono solo sul web e non si possono toccare.

Va da sé che non potete ritirare Bitcoin o altcoin dagli sportelli bancomat, non esistono contanti ed è la loro principale caratteristica.

Per comprare le criptovalute è necessario accedere a piattaforme online specializzate che possono essere broker o degli Exchange.

Nel caso di alcuni Exchange potrete comprare crypto grazie alla vostra carta di credito, ovvero potrete utilizzare valute tradizionali e scambiarle con cryptovalute.

È il caso per esempio di Coinbase, Crypto e Binance.

Altri tipi di Exchange invece vogliono solo scambio di crypto, quindi sarà possibile negoziare valute digitali utilizzando altro crypto.

A quel punto sarà per voi necessario comprare prima Bitcoin o Ethereum presso un altro Exchange e poi trasferire i propri BTC o ETH nell'Exchange di sole criptovalute.

Un esempio è Binance, offre il trading su più di 100 coppie di criptovalute.

SEI
Cos'è un Exchange e a cosa serve.

Immaginiamoci di andare in vacanza in America con in tasca 2000 euro in contanti.
Decidiamo di andare a fare shopping ma nessuno ci accetta gli euro in quanto in America si utilizzano i dollari americani.
Ecco che dovremmo rivolgerci a un'agenzia di cambio valuta.
Ovvero un ente che detenga entrambe le valute, sia dollari che euro e che sia disposta a scambiare valuta a prezzo di mercato a fronte di una commissione.
Possiamo fare anche il contrario, dovendo rientrare in Europa potremmo chiedere all'agenzia di scambiare dollari in euro alle medesime condizioni.
Se invece dovessimo proseguire la nostra vacanza magari recandoci in un'altra nazione, magari in Giappone e avessimo bisogno di cambiare i nostri dollari in yen, immaginiamo che l'agenzia a cui ci siamo rivolti non disponga dello yen giapponese, cosa potremmo fare?.
Ci potremmo rivolgere a una piattaforma on-line.
Ecco se invece vorremmo convertire qualsiasi valuta Fiat (dollari, yen, euro, ecc...) in una qualsiasi criptovaluta digitale ci dovremmo rivolgere a una piattaforma on-line che in gergo tecnico si chiama appunto exchange.
Il termine exchange in inglese significa cambio e in queste piattaforme si scambiano criptovalute con altre criptovalute o si convertono in valuta fiat e viceversa.
Spesso vengono anche indicate con l'abbreviazione EX

(exchange).
Su queste piattaforme sono presenti anche dei wallet per inviare e ricevere token.
A differenza di un wallet privato, in genere le chiavi private saranno detenute dalla piattaforma.
In alcuni stati gli exchange per poter operare hanno la necessità di aprire una licenza di cambiavalute.
Infatti, le due tipologie di piattaforme hanno molto in comune, tuttavia vi è una sostanziale differenza.
Negli EX la compravendita di criptovalute avviene tra utenti mentre nelle agenzie di cambio la compravendita avviene tra privato e agenzia.
Insomma, un exchange è molto simile a una borsa, domanda e offerta, con tanto di persone che comprano e tanto di persone che vendono.
Lo scambio sarà sempre anonimo e automatico. Possiamo decidere di vendere ad esempio i nostri bitcoin al prezzo di mercato, oppure al prezzo che vogliamo noi.
Se qualcuno sarà disposto a comprarli riceveremo degli euro da qualcun altro in cambio dei nostri bitcoin.
In gergo questa operazione si chiama trade.
Gli exchange vengono anche utilizzati dai professionisti di settore per fare trading. Essendo gli exchange degli enti privati, non si consiglia di detenerà asset al loro interno per un lungo periodo. Si consiglia di effettuare l'acquisto di criptovaluta e poi spostarla su un wallet privato, oppure vendere ed effettuare il prelievo in valuta fiat. Questo perché potrebbe capitare che l'EX venga hackerato oppure che fallisca con la conseguenza della totale perdita dei nostri fondi.
Sarà nostra cura conoscere questo rischio e gestirlo.

SETTE
Cos'è un crypto wallet, come funziona e le diverse tipologie.

Un wallet per criptovalute è uno strumento che puoi usare per interagire con un network blockchain.
Le varie tipologie di wallet possono essere suddivise in tre gruppi:
1. Software.
2. Hardware
3. Paper wallet.

A seconda dei meccanismi di funzionamento, possono anche essere definiti come hot o cold wallet.
Gran parte dei provider di crypto wallet è basata su software, cosa che rende l'uso più pratico rispetto agli hardware Wallet.
Tuttavia, gli hardware Wallet tendono ad essere l'opzione più sicuro.
Il paper Wallet, invece, consiste in un wallet stampato su un pezzo di carta, ma il suo utilizzo è considerato ormai obsoleto e poco affidabile.
Contrariamente a quanto si crede, i crypto wallet non contengono effettivamente criptovalute.
Il loro compito è quello di fornire gli strumenti necessari per interagire con un blockchain.
Tra le altre cose queste informazioni contengono una o più coppie di chiavi pubbliche e private.
Il wallet contiene anche un indirizzo pubblico, ovvero un identificatore alfanumerico generato basandosi sulle chiavi pubbliche e private.

Un indirizzo di questo tipo è, in sostanza, una "posizione" specifica sulla blockchain a cui è possibile inviare monete.
Questo significa che puoi condividere il tuo indirizzo pubblico con altre persone per ricevere i fondi, ma non devi rivelare la tua chiave privata a nessuno.
La chiave privata permetta di accedere alle tue criptovalute, a prescindere da quale wallet tu utilizzi. Quindi anche se il tuo computer o il tuo smartphone vengono compromessi, puoi comunque accedere ai tuoi fondi da un altro dispositivo purché tu abbia la chiave privata (o seed phrase) corrispondente.
Ricorda che le monete non lasciano mai davvero la blockchain, vengono solo trasferite da un indirizzo all'altro.

Hot vs. cold wallet

Come già menzionato, gli wallet per criptovalute possono anche essere definiti come "hot" o "cold", a seconda del modo in cui operano.
- Un hot wallet è un qualsiasi wallet connesso in qualche modo a Internet. Per esempio, quando crei un account su Binance e invii fondi al tuo Wallet, stai depositando nell'hot wallet di Binance. Questi wallet sono piuttosto semplici da creare e i fondi sono accessibili rapidamente. Questi due fattori li rendono pratici per i trader e per chi usa la crypto di frequente.
- I cold Wallet, invece, non hanno una connessione ad Internet. Utilizzano un mezzo fisico per archiviare le chiavi offline, cosa che li rende

resistenti a tentativi di attacchi informatici online. Di conseguenza i cold Wallet tendono ad essere un'alternativa molto più sicura per "conservare" le proprie monete. Questo metodo è conosciuto anche come cold storage ed è particolarmente indicato per gli investitori a lungo termine.

Per proteggere i fondi degli utenti, Binance mantiene soltanto una piccola percentuale di monete nei suoi hot Wallet.
Il rimanente è conservato in cold storage, disconnessi dall'Internet.
È utile sottolineare che Binance DEX offre un'alternativa per gli utenti che preferiscono non avere i propri fondi in un Exchange centralizzato.
Stiamo parlando di una piattaforma di training decentralizzata che permette agli utenti di avere pieno controllo sulle proprie chiavi private, consentendo allo stesso tempo di fare trading direttamente dai propri dispositivi di cold storage (hardware Wallet).

Software wallet

I software wallet sono disponibili in diverse varietà, ciascuno con delle caratteristiche uniche.
La maggior parte e in qualche modo connessa a Internet (hot Wallet).
Di seguito troverai le descrizioni di alcune delle tipologie più comuni e importati: web, desktop e mobile Wallet.

Web wallet

Puoi usare un web Wallet per accedere a blockchain tramite un'interfaccia browser senza dover scaricare o installare niente.
Questo include sia Wallet di Exchange e altri provider di un Wallet basati su browser.
In gran parte dei casi, puoi creare un nuovo Wallet e impostare una password personale per accedervi.
Tuttavia, alcuni provider mantengono e gestiscono le chiavi private per tuo conto punto anche se questo potrebbe essere più comodo per utenti inesperti, è una pratica pericolosa.
Se non possiedi le tue chiavi private, stai affidando il tuo denaro a qualcun altro punto per affrontare questo problema, molti web Wallet permettono ora di gestire le proprie chiavi, interamente o attraverso un controllo condiviso (tramite multi-signature).
Quindi è importante controllare l'approccio tecnico di ciascun Wallet prima di scegliere quello più adatto per te punto
Quando usi Exchange di criptovalute, dovresti considerare l'utilizzo degli strumenti di protezione disponibili.
Binance Exchange offre diverse funzioni di sicurezza come gestione di dispositivo, autenticazione multi-fattore, codice anti-phishing e gestione degli indirizzi di prelievo.

Desktop Wallet

Come suggerisce il nome, un desktop vuole te è un software che scarichi ed esegui localmente sul tuo computer.
A differenza di alcune versioni basate sul web, i desktop Wallet offrono pieno controllo sulle tue chiavi e sui tuoi fondi.
Quando genere un nuovo desktop o volete, un file chiamato "wallet.dat viene archiviato localmente sul tuo computer.
Questo file contiene le informazioni della chiave privata usata per accedere ai tuoi indirizzi, quindi dovresti decifrarlo con una password personale.
Se cripti il tuo desktop wallet, ti verrà richiesto di fornire la password ogni volta che esegui il programma per autorizzare la lettura del file wallet.dat.
Se parti questo file o ti dimentichi la password, molto probabilmente avrei perso l'accesso ai tuoi fondi.
Di conseguenza è fondamentale eseguire il backup del tuo file wallet.dat e conservarlo in un posto sicuro.
In alternativa, puoi esportare la chiave privata o seed phrase corrispondente.
Così facendo, potrai accedere ai tuoi fondi da altri dispositivi, nel caso in cui il tuo computer smettesse di funzionare o diventassi in qualche modo inaccessibile.
In generale, i desktop Wallet possono essere considerati più sicuri della maggioranza di versioni web, ma è importante verificare che il tuo computer sia privo di virus e malware prima di creare usare un Wallet per cryptovalute.

Mobile Wallet

I mobile Wallet funzionano in modo simile alle loro controparti desktop ma sono progettati specificatamente come applicazioni per smartphone.
Questo tipo di Wallet è piuttosto pratico in quanto permette di inviare e ricevere criptovalute attraverso l'uso di codici QR.
Di conseguenza, i mobile Wallet sono praticamente adatti per transazioni e pagamenti quotidiani, caratteristica che li rende una valida opzione per spendere Bitcoin, BNB e altre criptovalute nel mondo reale.
Trust Wallet è un ottimo esempio di un mobile Wallet per cryptovalute.
Tuttavia, come per i computer, i dispositivi mobili sono vulnerabili app maligne e infezioni malware.
Quindi è raccomandato a criptare il proprio mobile Wallet con una password, oltre ad eseguire un backup delle chiavi private per proteggere i propri fondi in caso di perdita o rottura dello smartphone.

Hardware Wallet

Gli hardware Wallet sono dispositivi elettronici che utilizzano la generazione di numeri casuali (RNG) per creare chiavi pubbliche e private.
Le chiavi vengono quindi archiviate nel dispositivo stesso, il quale non è connesso a Internet.
Quindi, gli Wallet di tipo hardware sono cold Wallet e sono considerati una delle opzioni più sicure.
Anche se questi Wallet offrono livelli di sicurezza molto

maggiore in contro gli attacchi online, potrebbero presentare dei rischi se l'implementazione del firmware non viene eseguita correttamente.
Inoltre, gli hardware Wallet tendono ad essere meno user-friendly, ed è più difficile accedere ai fondi di quanto posso esserlo con un hot Wallet.
Per avviare la mancanza di accessibilità, puoi usare Binance DEX per connettere il tuo dispositivo direttamente alla piattaforma di trading.
Questo è un modo sicuro di accedere ai tuoi fondi perché le chiavi private non lasciano mai il dispositivo.
Anche alcuni provider di web Wallet offrono un servizio simile, consentendo ad hardware Wallet di connettersi al proprio interfaccia browser.
Dovresti prendere in considerazione l'uso di un hardware Wallet se hai intenzione di tenere le crypto per molto tempo o se hai grandi quantità di criptovalute. Attualmente, la maggioranza degli hardware Wallet permette di impostare un codice PIN per proteggere il dispositivo oltre a una frase di recupero che può essere usata nel caso in cui lo vuole te vada perduto.

Paper Wallet

Un paper Wallet è un pezzo di carta su cui vengono stampate fisicamente un indirizzo pubblico e la sua chiave privata sotto forma di codice QR.
La scansione di questi codici permette di eseguire transazioni di criptovalute. Alcuni siti web di paper Wallet danno la possibilità di scaricare codice per generare nuovi indirizzi e chiavi offline appunto, pertanto, questi vuole te sono altamente resistenti ad

attacchi informatici online e possono essere considerati come una alternativa al cold storage.

A causa dei numerosi i punti deboli però l'uso di paper Wallet è attualmente considerato pericoloso e sconsigliato.

Se vuoi usarli comunque, è fondamentale comprendere i rischi ad essi legati.

Un'importante punto debole dei paper Wallet e che non consentono di inviare fondi parzialmente, ma solo l'intero bilancio in una volta sola.

Per esempio, immagina di generare un paper Wallet a cui ha inviato diverse transazioni, per un totale di 10 BTC. Se decidi di spendere 2 BTC, dovreste prima inviare tutte e 10 le monete a un altro tipo di wallet (ad es. un desktop virtuale) e da lì spendere parte dei fondi (2 BTC).

In seguito, potrai riportare gli 8 BTC ad un nuovo wallet, anche se un hardware o software Wallet sarebbero una scelta migliore.

Tecnicamente, importando la chiave privata del tuo paper Wallet in un desktop Wallet e spendendo solo parte dei fondi, le monete rimanenti verrebbero inviate a ad un "change address" che viene generato automaticamente dal protocollo Bitcoin.

Se non imposti manualmente il change address come l'indirizzo che controlli, è probabile che perderai i tuoi fondi.

Gran parte dei software Wallet di oggi gestiscono questo aspetto per conto tuo, inviando le monete rimanenti a un indirizzo che fa parte del tuo Wallet.

Tuttavia, importante ricordare che il tuo paper Wallet sarà vuoto dopo la sua prima transazione in uscita a prescindere dal suo importo.

Quindi non sperare di poterlo riutilizzare più tardi.

Perdere l'accesso ai tuoi Wallet per criptovalute può essere molto costoso.

Quindi è importante eseguire il backup regolarmente.

In molti casi, basta il backup dei file wallet.dat o delle seed phrase.

Essenzialmente, le seed phrase giocano un ruolo molto simile alle chiavi private ma sono in genere più facile da gestire appunto se hai deciso di aggiungere una password, ricordati di inserire anch'essa nel backup.

OTTO
Guadagna le tue prime crypto gratis.

Il noto exchange Coinbase adotta una nuova tipologia di marketing con la sezione Coinbase Earn, con cui è possibile guadagnare cryptovalute seguendo dei mini video da 10 minuti.
Al termine viene somministrato un semplice quiz e se la risposta è corretta si viene ricompensati con un piccolo ammontare della criptovaluta di cui si è appreso il funzionamento.
È indispensabile anzitutto avere attivato un account coinbase.

I referral link vengono forniti a ciascun utente dalle piattaforme stesse, al fine di incentivare le iscrizioni. Consentono infatti agli utenti di ricevere una piccola reward in euro, dollari o criptovalute per ogni persona che si è iscritta attraverso di essi.

Attualmente, le criptovalute che possibile guadagnare seguendo i corsi di Coinbase Earn sono:

- COMP, Compound è un protocollo che consente a tutti gli utenti di prendere a prestito o di guadagnare interessi sulla criptovaluta che detengono. E' possibile guadagnare fino a 9,00 $.

- Eos, Il token della omonima blockchain. Sviluppata con protocollo EOSIO, il suo obiettivo è consentire la creazione, più agevolmente di

Ethereum, di DAPP gratuite e sicure.

- XLM, il token della piattaforma Stellar Lumens, sviluppata per collegare più agilmente banche, sistemi di pagamento e persone.

- MKR, Maker è un protocollo di finanza decentralizzata ("defi") che consente a tutti gli utenti di prendere a prestito fondi in cambio di una garanzia.

- CELO, Il dollaro Celo (cUSD) è una stablecoin associata al valore del dollaro USA. Abbia a disposizione un telefono cellulare può inviare, ricevere e conservare dollari Celo tramite soluzioni che operano sulla omonima piattaforma.

- OXT, la criptovaluta di Orchid, un nuovo strumento per la privacy peer-to-peer che include una VPN e altre funzionalità che consentono agli utenti di controllare la propria connessione Internet.

- KNC, Kyber Network Crystal (KNC) è il token Ethereum utilizzato per la gestione del protocollo Kyber.
I detentori di KNC possono contribuire con i propri token per votare modifiche al protocollo e guadagnare premi.

- XTZ, è la cryptovaluta della blockchain Tezos, progettata per garantire sicurezza, partecipazione aperta e un aggiornamento semplice e costante.

Puoi guadagnare fino a 6,00 $.

- DAI, la stablecoin decentralizzata basata sulla blockchain di Ethereum, che punta a valere quanto un Dollaro USA. Puoi guadagnare fino a 20,00$.

- Zcash (ZEC), una cryptovaluta con funzionalità di privacy avanzate derivanti dall'uso del protocollo Zero Knowledge Proof. Puoi guadagnare fino a 3,00$.

- Basic Attention Token (BAT), il token con cui il browser Brave che condivide con gli utenti parte degli utili generati dalle inserzioni pubblicitarie. Puoi guadagnare fino a 10,00$.

- ZRX, il token di 0x, la piattaforma che intende agevolare il processo di tokenizzazione, consistente nel dare una rappresentazione in cryptovaluta a tutto ciò che è suscettibile di valutazione economica. Puoi guadagnare fino 3,00 $.

Qualora si voglia convertire i token ottenuti in euro, puoi farlo direttamente dalla piattaforma di coinbase pro.

NOVE
Airdrop e privat sale

Il mondo delle criptovalute è un mondo a mio avviso fantastico.
Offre tantissime opportunità ed io in questo capitolo vorrei soffermarmi soprattutto sugli airdrop e i privat sale.
L'airdrop, in parole semplici, significa ricevere Coin gratis senza far niente o quasi.
Quel quasi di solito si intende iscriversi ad un canale social o newsletter o magari anche solo inviare il proprio indirizzo Ethereum per avere dei token. Sembrerà strano ma c'è qualcuno disposto a "regalare" soldi in cambio di niente o quasi come abbiamo visto.
In realtà non è proprio niente perché così facendo il DEV della moneta aiuta a pubblicizzare e a diffondere la sua piattaforma. In fondo a lui costa niente.
Molti mi diranno che le cifre ricevute sono irrisorie o che magari la Coin ricevuta non vale niente e in effetti spesso è così, ma in altri casi le cose vanno diversamente.
Vi voglio raccontare di un AirDrop che regalava dei token Minereum.
Bisognava semplicemente inviare l'indirizzo Ethereum al DEV di questa moneta in cambio te ne inviava un centinaio.
La cosa più bella di questo AirDrop è che ad un certo punto il token Minereum ha raggiunto la quotazione di 10 $, così che quei 100 token si trasformarono in ben 1.000 $ senza far niente.

Una volta capito cosa sono gli airdrop non ci resta che capire il concetto dei privat sale.
Quando un nuovo progetto crypto si affaccia sul mercato, spesso non ha fondi, né una reputazione preesistente.
Per poter lanciare il progetto, è quindi necessario rivolgersi a investitori privati.
Cos'è una private sale?.
Un private sale, o vendita privata, è il momento in cui il progetto viene presentato a grossi potenziali investitori, fondi di seed o venture capital e fondi crypto, ad esempio.
In questo step, i creatori del token vogliono raccogliere capitale e vogliono raccoglierlo da pochi investitori.
I fondi di venture capital sono delle istituzioni che investono in progetti appena nati, spesso in cui la tecnologia è ancora in fase di sviluppo.
Spesso, offrono all'impresa competenze tecnologiche e di mercato virgola in modo da guidarli nello sviluppo dell'idea.
Sono quindi investitori molto attivi e molto propensi ai rischi.
Pur pagando i token a un prezzo molto basso, devono investire decine o centinaia di migliaia di euro ciascuna.
In questa fase, l'investitore normale non ha nemmeno idea che il progetto esiste.
La private sale permette al progetto di raccogliere il capitale e di ottenere aiuto per potere arrivare al mercato.
Se la private sale a successo, il progetto è pronto ad affacciarsi sul mercato e molte società optano per una pre-ICO.

Adesso vi starete chiedendo cos'è una pre-ICO?
In generale, è qualcosa di molto simile a un ICO: un modo per raccogliere fondi e visibilità sul mercato.
A differenza di un'ICO, però, ha generalmente un budget di marketing più risicato e un mercato target più ridotto.
Ad esempio, una società può decidere di limitarsi a una sola lingua (di solito l'inglese), o a focalizzare la pubblicità su un'area geografica o un canale specifico.
Questo la rende più semplice e meno costosa.
Allo stesso tempo, gli investitori che sono in questo caso persone normali e non più banche di investimento, possono approfittare di un prezzo inferiore rispetto a quello che sarà offerto nell'ICO.
Tende però ad essere più difficile sapere dell'esistenza di questa possibilità di investimento e ci sono spesso limiti minimi rispetto a quest'ultimo.
Questi limiti non sono necessariamente molto elevati, ma sicuramente fungono da filtro.
Il risultato di una pre-ICO detterà anche il futuro del progetto: raccogliere molti fondi e generare molto interesse permetterà di finanziare un'ICO più elaborata.
Ad esempio, sarà possibile tradurre sito e white paper in altre lingue e cercare partnership con influencers e nomi più conosciuti nel mondo crypto.

Ora che vi ho spiegato cos'è una pre-ICO, andiamo a capire quali sono i suoi vantaggi.

Per l'investitore:

- È possibile investire a un prezzo inferiore rispetto a quello dell'ICO.

- La società a questo livello è spesso più disposta e capace di interagire con l'utente, rispondendo a dubbi e curiosità.

Per la società:

- È possibile sondare il mercato e farsi un'idea di quanto successo potrebbe avere unico vera e propria.
- Si può iniziare ad accedere a capitali privati con un investimento molto inferiore rispetto a un'ICO.
- Non ha la complessità relativa di un'ICO e sicuramente è più semplice ottenere capitale rispetto a un mutuo.

Vorrei comunque spiegarvi anche alcuni svantaggi che ci potrebbero essere.
per l'investitore:

- Il rischio decisamente più elevato rispetto a un'ICO e ancora di più rispetto all'acquisto di un token già affermato.
- È impossibile sapere con certezza se quel tu che specifico avrà successo o anche solo se non è una truffa.
- L'investimento minimo rende difficile l'accesso a chi non abbia un certo capitale investito nel mondo crypto.

Per la società:

- Queste vendite in cui il prezzo aumenta

progressivamente incoraggiano investitori a entrare presto, ma anche a vendere presto. Spesso gli investitori delle pre-ICO cercheranno di rivendere appena il token viene scambiato su un Exchange.

È importante sottolineare come questa forma di investimento sia estremamente rischiosa, è qualcosa di adatto a chi sia estremamente propenso al rischio.

DIECI
Le ICO.

La diffusione delle nuove monete virtuali ha portato alla diffusione delle ICO, acronimo di Initial Coin Offering, in italiano Offerta Iniziale di Moneta.

Prima di nascere diffondersi, una moneta deve essere coniata e deve esserci ancor prima un certo interesse che ne legittimi la diffusione l'esistenza.

prima di nascere una criptovaluta cerca finanziatori del progetto attraverso le ICO.

Tale pratica consiste nel finanziamento di progetti vendendo una moneta non ancora esistente.

Chi partecipa e finanzia una ICO ottiene in cambio Coin o token del progetto stesso.

Le ICO sono una variante delle "Initial Public Offering" (IPO) e dell'equity crowdfunding, se in questi si consegnano azioni, nelle ICO si consegnano valute virtuali.

A fronte dei numerosi vantaggi, le ICO presentano due rischi principali:

1. Tra tutti e quello di truffe per finte o non veritiere ICO. Queste truffe si verificano anche a causa di una regolamentazione lacunosa.
2. Secondo rischio è il fallimento dello stesso progetto. prima di investire criptovalute i soldi in una ICO, accertatevi di valutare alcune cose:
   - Il progetto.
   - Il ruolo.
   - Le caratteristiche delle criptovalute. Valutate il team, la struttura e se assomiglia a

uno schema piramidale evitatelo. Leggete attentamente il White paper contenente gli obiettivi e il funzionamento del progetto.

UNDICI
Che cos'è una defi.

Dopo le criptovalute, i token DeFi (token della finanza decentralizzata) hanno perturbato il settore finanziario per tutto il 2020.
Mentre molti progetti sono ancora in fase nascente, i token DeFi hanno provocato una frenesia nei mercati delle cryptovalute che ricorda i boom di Bitcoin, Ethereum e altri già nel 2017.
Che cosa sono i token DeFi.
Si tratta di applicazioni finanziarie decentrate che funzionano su blockchain che rispecchiano i concetti utilizzati con successo nel settore bancario e finanziario tradizionale.
I token DeFi stanno scuotendo i mercati.
L'idea chiave è quella di ricreare i servizi finanziari in modo decentralizzato, senza bisogno di coinvolgere una terza parte, come una banca, affidandoti invece al codice informatico o più precisamente agli smart contract che funzionano soprattutto sulla blockchain Ethereum.
Ciò consente di guadagnare interessi, ottenere prestiti, fare trading con risorse (sintetiche) e altro ancora, senza dover dipendere da terzi.
Sebbene il momento di boom nei token DeFi abbia veramente comportato alcuni rendimenti eccezionali, è importante ricordare che i token DeFi sono considerati investimenti ad alto rischio e i prezzi sono soggetti a una volatilità estremamente elevata, poiché i trader hanno visto una seria azione sui prezzi nelle ultime settimane.
La stagione dei DeFi è iniziata e sta andando a gonfie

vele.
Ecco alcuni motivi per cui dovresti tenere d'occhio i progetti di finanziamento decentralizzato e i token:

1. I token DeFi sono il logico passo successivo per perturbare la finanza. Ad esempio, i token DeFi consentono di contrarre e concedere prestiti all'interno di una rete peer-to-peer o di stipulare direttamente un'assicurazione, senza bisogno di intermediari come le banche.
   In altre parole, i token finanziari decentralizzati forniscono agli utenti e ai detentori di token gli stessi servizi o servizi simili a quelli offerti dal settore finanziario tradizionale.

2. I token DeFi realizzano il potenziale della blockchain.
   Con la creazione di un sistema parallelo alla finanza tradizionale, i token DeFi non solo puntano a fissare nuovi standard in termini di trasparenza e di accesso, ma sono destinati a ridurre significativamente i costi dei servizi finanziari e a garantire la rapida elaborazione delle transazioni grazie all'automazione.
   I token DeFi sono un caso d'uso davvero interessante dei concetti introdotti da progetti come Ethereum, che permettono alle applicazioni decentralizzate di funzionare sulla loro infrastruttura di rete.

3. I token DeFi rendono accessibili i finanziamenti. Grazie alle piattaforme decentrate, i token DeFi rappresentano un'altra tappa nel percorso per rendere accessibili le opportunità di investimento

e di commercio ai privati che fino a questo momento non hanno potuto partecipare, sperimentando un cambiamento di paradigma economico.

Una vasta gamma di casi d'uso, dai risparmi in conti fruttiferi, credito e prestito, network staking e derivati, alle assicurazioni, ai giochi e alle risorse sintetiche, offre un grande potenziale a chi è interessato a investire semplicemente a lungo termine nel settore oggi più attivo nella blockchain.

4. I token DeFi sono solo all'inizio.
Se sei un appassionato di criptovaluta, non c'è modo di ignorare gli sviluppi della finanza decentrata.
Che si stia parlando di UNI, il token DeFi più popolare; del token di governance del Protocollo Uniswap; del token di rete Synthetix SNX, uno dei più grandi progetti DeFi fino ad oggi, oppure di Maker MKR, uno dei più vecchi protocolli di governance decentrata, sono tutti ottime risorse da cui iniziare per diversificare il tuo criptoportafoglio.
È vero, la maggior parte dei progetti DeFi sono ancora in fase iniziale.
Parte del clamore che ha risvegliato l'interesse dei trader può essere stato causato da speculazioni a breve termine.
Mentre i progetti migliori sono destinati a rimanere e ad evolversi ulteriormente.

5. I token DeFi apportano valore aggiunto a

Ethereum.

Infine, se ti consideri un investitore più avverso al rischio e vuoi aspettare che il grano si separi dal fieno, investire in Ethereum (ETH) può essere un'opzione più interessante rispetto all'investimento nei token DeFi veri e propri. Dato che quasi tutti i token DeFi girano su smart contract della blockchain Ethereum, alcuni analisti prevedono un potenziale significativo per un corrispondente aumento del prezzo di ETH. Alcuni credono addirittura che le monete DeFi siano l'ultimo fattore che manca per inclinare il flippening (il momento aspettato dai fan di Ethereum in cui la loro capitalizzazione di mercato supererà la capitalizzazione di mercato di Bitcoin).

DODICI
La differenza tra le blockchain centralizzare e decentralizzate.

Sin dai primi tempi del suo avvento, la tecnologia blockchain ha attirato l'attenzione di molte aziende, investitori e curiosi in generale, che si sono avvicinati affascinati dalle diverse potenzialità, opportunità e soluzioni che questa ha lasciato intravedere.
La differenza tra finanza tradizionale e finanza decentralizzata è ampia e ben conosciuta.
Quello che invece non si conosce è la differenza di finanza centralizzata (CEFI) e finanza decentralizzata (DeFi) all'interno del mondo delle criptovalute.
Infatti, un filone cioè feed di finanza centralizzata sempre su blockchain, e non va confusa con la normale finanza tradizionale.
CEFI e DEFI condividono lo stesso obiettivo ossia fornire l'accesso ai mercati finanziari ed ai servizi finanziari alle persone ovunque nel mondo tramite l'utilizzo delle criptovalute.
Questa è la loro missione ossia fornire l'accesso ai servizi e mercati finanziari anche per quelle persone che risiedono in paesi dove vi sono regimi dittatoriali o per quelle persone abbandonate a sé stesse dal sistema bancario.
La differenza tra CEFI e DEFI e il modo in cui cercano di arrivare al loro obiettivo.
Con CEFI gli utenti si affidano alle persone che sono dietro ad un business e quest'ultime hanno il potere di eseguire determinati servizi o meno.

Con DEFI Invece gli utenti si affidano alla tecnologia e della tecnologia che regola il funzionamento di questi sistemi.
Entrambi (CEFI e DEFI) permettono l'utilizzo di servizi finanziari grazie alle criptovalute.

CEFI

I vantaggi nell'utilizzo della finanza centralizzata si riducono ad una maggiore flessibilità.
Il che non è poco.
È infatti possibile l'utilizzo delle valute fiat, l'utilizzo di più criptovalute, il supporto clienti ed è possibile delegare le proprie responsabilità: se perdi i codici di accesso non perdi tutti i tuoi fondi.
Vediamo schematicamente questi vantaggi:

- Adattamento alle esigenze.

Per la loro natura centralizzata i sistemi CEFI si adattano molto bene (e più rapidamente) alle esigenze dei suoi utilizzatori.

- Conversione in Fiat.

Piattaforme di lending CEFI come nexo permettono di depositare il collaterale in crypto e di richiedere il prestito in valuta Fiat. Quindi depositi Bitcoin e incassi in prestito EURO o Dollari.

- Utilizzo di più criptovalute.

Nei sistemi DEFI solitamente sono supportati solo ETH ed ERC20, per la complessità nel creare e performare atomic swap (scambi diretti su diverse blockchain). In sistemi CEFI si possono invece utilizzare più criptovalute non solo ETH ed ERC20 ma anche BTC XRP LTC ecc.

Le criptovalute sono detenute dalla parte centralizzata e gli scambi avvengono in database interni senza dover attendere conferme o senza dover incorrere in Fee di transazione.

- Supporto clienti e recupero fondi.

Data la natura centralizzata è possibile che vi sia un supporto clienti in grado di aiutare gli utenti in ogni problematica. Solitamente è possibile anche recuperare i propri fondi in caso di perdita o smarrimento di Seed o codici di accesso.

Alcuni esempi di progetti CEFI:

1. Binance: È un exchange di criptovalute che permette di effettuare trading, margin trading, borrowing, lending, futures, ecc.

2. Coinbase: È un exchange di criptovalute che oltre al trading semplificato permette di ricevere pagamenti tramite coinbase commerce anche grazie alla sua stablecoin nativa.

3. Fairlay: È un sistema dove piazzare scommesse su blochchain ed un exchange di criptovalute.

4. Nexo: È una piattaforma dove richiedere prestiti o investire prestando criptovalute. Il prestito è anche erogato in valuta fiat. Nexo non va confusa con DEFI è CEFI è centralizzata.

5. BlockFi e Celsius: Sono piattaforme simili a Nexo.

6. Ledn: E' una piattaforma dove depositare Bitcoin e guadagnare interessi o richiedere prestiti in valuta fiat.

DEFI

I vantaggi rispetto a progetti CEFI

- Permissionless, l'utente non deve chiedere il permesso per utilizzare un protocollo DEFI, non deve neanche completare procedimenti di KYC o AML, non si devono dare quindi le proprie informazioni personali.

Non ci sono stati o enti che possono imporre il non utilizzo o la censura di un protocollo DEFI.

- Trustless, non si deve riporre la fiducia in alcun che se non nella tecnologia.

Se si vuole eliminare del tutto la fiducia verso la tecnologia basta effettuare un auditing del codice.

- Trasparenza, ogni utente può verificare ciò che avviene in questi protocolli andando a leggere la blockchain tramite un block explorer.

- Non Custodial, le chiavi private ed il possesso dei fondi (con tutto ciò che ne consegue) sono in mano all'utente. Non sono detenuti presso intermediari o terze parti.

- Aumentano il progresso mondiale e l'innovazione, il fatto di non poter utilizzare altre criptovalute ha spinto molti developers a ideare soluzioni come i Wrapped tokens.

Grazie ad esse ora anche Bitcoin (in formato erc20) è scambiabile nella blockchain di Ethereum.

Alcuni esempi di progetti DEFI:

1. Kyber: È un exchange decentralizzato.
2. MakerDAO: È un sistema di lending decentralizzato con annessa stablecoin DAI/SAI.
3. Compound: È una piattaforma dove guadagnare interessi o dove richiedere prestiti in maniera decentralizzata
4. bZx: È una piattaforma di lending decentralizzata incentrata sul marging trading.
5. Augur: È una piattaforma di scommesse e previsioni decentralizzata.
6. Synthetix: protocollo costruito sopra ethereum per l'emissione di asset sintetici decentralizzati chiamati Synths.

TREDICI
Protocolli PoS e PoW

Chi si interessa del mondo delle criptovalute deve, almeno in parte, avere un'idea di come funzionano le monete virtuali.

Spesso nel settore ci si imbatte nei termini Proof of Work (PoW) e Proof of Stake (PoS), particolarmente difficile da comprendere perché si sta facendo ora il mondo delle crypto.

Sia il PoW che il PoS necessitano l'utilizzo di algoritmi informatici responsabili del grande successo di cryptovalute come Ethereum e Bitcoin.

Questi algoritmi vengono utilizzati per arrivare a ciò che viene definito nel mondo delle crypto valute come "consenso distribuito" ("distributed consensus", in inglese).

Analizziamo quali differenze intercorrono tra Proof of Stake e Proof of Work e che funzionamento c'è dietro per comprendere al meglio il mondo delle criptovalute.

Cos'è il Proof of Work (PoW)

Il Proof of Work, o PoW, è un algoritmo che viene utilizzato da diverse cryptovalute come Bitcoin, Ethereum, Litecoin.

Per raggiungere un accordo decentralizzato tra diversi nodi nel processo di aggiunta di un blocco specifico della blockchain.

Hashcash (SHA-256) e la funzione Proof of Work utilizzata dal Bitcoin.

La criptovaluta obbliga i miners a risolvere dei problemi matematici estremamente complessi e computazionalmente difficili per poter raggiungere blocchi alla blockchain.

Tale funzionamento produce un tipo di dati molto specifici che vengono utilizzati per verificare che sia stata eseguita una notevole quantità di lavoro da qui il termine Proof of Work, in italiano "prova di lavoro".

Possiamo guardare al Proof of Work come un lungo tentativo che alla fine produce un singolo pezzo di dati che si adatta all'interno del protocollo Bitcoin.

Questo processo richiede molto tempo ed energia, ma i miners sono ampiamente ricompensati.

Cos'è il Proof of Stake (PoS)

Il Proof of Stake costituisce un metodo alternativo, un modo attraverso cui i nodi raggiungono un consenso.

È stato proposto per la prima volta da un utente dal forum Bitcointalk nel 2012 perché il PoW richiedeva troppa elettricità ed energia.

Molti studi oggi paragonano il costo dell'elettricità per la gestione e il funzionamento di un network Proof of Work come quello Bitcoin a quello di alimentazione di milioni di case negli Stati Uniti.

Il Proof of Stake, invece, utilizza molta meno energia ed è quindi molto più ecologico e user friendly del Proof of Work.

Nel modello di consenso Proof of Srake, il numero di token di valuta digitale detenuti da ciascun utente, è una questione importante all'interno del sistema.

Più grande è la partecipazione ("stake"), ovvero la quantità di token posseduti da un utente, maggiori sono

le probabilità che non si stia violando il sistema.
Ancora, più un individuo è esposto ad una criptovaluta, più è probabile che questi si comporti in modo ottimale.
I blocchi della Proof of Stake, a differenza dei blocchi della Proof of Work, non vengono estratti, ma coniati.
I partecipanti che possiedono una partecipazione significativa nei sistemi Proof of Stake vengono selezionati su base pseudocasuale per coniare i blocchi e aggiungerli alla blockchain.
Il processo di selezione pseudocasuale entra in funzione dopo che il sistema ha analizzato diversi fattori al fine di garantire che siano selezionati solo gli individui con una quota maggiore, ma anche altri con una stake inferiore.
IL Proof of Stake viene applicata generalmente alle criptovalute pre-minate, così da consentire all'utente di accedervi attraverso la partecipazione.
Ciò significa che l'offerta complessiva delle criptovalute Proof of Stake viene fissata sin dall'inizio e che non vi è alcun premio per la creazione dei blocchi, come avviene invece nella Proof of Work.
L'unico incentivo per i miners in questo sistema è rappresentato dalle commissioni di transazione associate allo specifico blocco coniato.

PoW contro PoS: le differenze

Sia il Proof of Stake che il Proof of work possiedono i loro punti di forza e di debolezza.

Infatti, vi è una serie di alternative a queste due metodologie, informatici e specialisti lavorano ogni giorno per trovare soluzioni nuove ed efficienti per raggiungere il consenso sulla blockchain.

Il Proof of Stake può essere considerato il metodo di consenso più rispettoso dell'ambiente e più economico, ma presenta una serie di inconvenienti che, al momento, il team di Ethereum sta tentando di risolvere.

QUATTORDICI
Cos'è un token.

Un token è un insieme di informazioni digitali all'interno di una blockchain che conferiscono un diritto a un determinato soggetto, la tokenizzazione e la conversione dei diritti di un bene in un token digitale registrato su una blockchain.
Uno dei vocaboli che ricorrono con maggior frequenza quando si parla dei New economy e blockchain è sicuramente quello di token.
Non tutti sanno però che al termine token si possono attribuire due significati distinti e altrettante peculiarità a seconda del contesto in cui questo termine viene usato.
Ovviamente il settore a cui si fa riferimento per attribuire un primo significato di token è quello delle criptovalute, infatti partendo dal presupposto che una criptovaluta è una "moneta elettronica" (anche se qui il significato di moneta andrebbe sicuramente approfondito, ma solo per semplificazione viene così definita) basata su blockchain o su altro registro distribuito, possiamo sicuramente dire che ciascuna di queste criptovalute (Bitcoin, Ethereum ecc.) ha un suo proprio registro delle transazioni sul quale vengono memorizzati gli scambi.
I token (che potremmo definire "gettoni") sono di fatto frazioni di una criptovaluta emessa, che vengono scambiati tra gli utenti mediante scambi che vengono memorizzati sul suddetto registro.
Per semplificare sarebbe opportuno definire "coin"

questa tipologia di "gettone", termine che seppur indica lo stesso concetto (quando ci riferiamo a criptovaluta o frazione di essa), in realtà, crea meno confusione.

Esiste infatti un'altra tipologia di "gettone" chiamato anch'esso token, che a differenza di quelli di cui sopra, non ha un proprio registro, ma utilizza il registro di un'altra coin.

Ad esempio, mediante gli smart contract di Ethereum, chiunque può emettere i suoi propri token, per esempio con una ICO (Initial Coin Offer) e registrare le transazioni afferenti quel token sulla blockchain di Ethereum invece che necessariamente costruirne una propria.

Questi "gettoni" acquisiscono l'univoco appellativo di token.

Il token ha quindi le stesse caratteristiche della criptomoneta (sicurezza e trasferibilità non censurabile) ma non è "nativo" e soprattutto "interno" alla blockchain sulla quale vengono memorizzate le transazioni che lo riguardano ma rappresenta il gemello digitale di un bene reale, un diritto "reale", ma che esiste di fuori del sistema blockchain.

Un'ulteriore differenza si intrinseca nel fatto che l'emissione di token (gettoni che non una propria blockchain) non è particolarmente complicata, essenzialmente basta scrivere uno smart contract sulla mainnet (è una blockchain che esegue effettivamente la funzione del trasferimento di valute digitali da mittenti a destinatari) di un'altra coin, ad esempio la rete Ethereum.

La creazione di una nuova coin invece è un processo assai più complesso, in quanto occorre:

1. Elaborare un nuovo protocollo,
2. Realizzare la mainnet, assicurarsi di avere un hardware sufficientemente potente per farla "girare" e soprattutto sperare che qualcuno la utilizzi.

Sperando di aver chiarito questa prima differenza e focalizzando l'attenzione sul termine token inteso come gettone creato utilizzando una blockchain di una coin esistente, possiamo sicuramente affermare che un token è un insieme di informazioni digitali all'interno di una blockchain che conferiscono un diritto a un determinato soggetto.

QUINDICI
Nft

NFT la nuova moda del mondo delle crypto come funziona e a cosa serve.
Iniziamo a dire che il significato della sigla è Non-Fungible-Tokens e sta spopolando online fra artisti investitori del mondo delle criptovalute.
Il mondo delle crypto è una barca su cui molti vogliono salire per salpare verso orizzonti ignoti, nel tentativo di cercare un vero e proprio tesoro volatile che potrebbero renderli estremamente ricchi, ma potrebbe succedere anche il contrario.

Il CEO di Twitter Jack Dorsey sta vendendo il suo primo Tweet come NFT, altri esempi possono essere l'asta per il "peggior NFT di sempre", non altro che la foto del meme del Grumpy Cat, oppure l'approdo delle Pringles "gusto crypto" come NFT all'asta.
La lista potrebbe continuare all'infinito, ma la domanda di chi non conosce questo mondo resterebbero sempre le stessa:
1. Che cosa sono?
2. Qual è la differenza tra NFT e criptovalute?
3. Come si comprano?
4. Servono a qualcosa o sono solo un trend del momento?

Per rispondere a tutte queste domande bisogna partire da una nozione base.
Ovvero la definizione di Non-Fungible-Token.

NFT come detto precedentemente, un asset, ovvero un bene di proprietà monetizzabile e dunque usato anche per pagamenti che al contrario di una criptovaluta come Bitcoin o Ethereum.

Non può essere in alcun modo replicato, ma può essere comunque comprato per un ammontare specifico di valuta come qualsiasi altro bene.

Un Non-Fungible-Token ha dunque delle proprietà fondamentali che lo contraddistinguono da una criptovaluta in particolare, mentre un Bitcoin può essere scambiato con qualsiasi altro Bitcoin e all'utente non cambierebbe nulla.

Un NFT è unico e funziona esattamente come un oggetto da collezione e un certificato di proprietà allo stesso tempo, ergo può essere acquistato, archiviato, scambiato e venduto.

Ogni NFT accumula valore in modo indipendente.

Per il resto, Bitcoin e NFT condividono molte altre proprietà tipiche del mondo crypto:

- Si basano su una blockchain (ovvero una struttura dati condivisa e "immutabile").

- Contengono dei metadati e altre informazioni che ne assicurano autenticità e proprietà da parte di un individuo.

- Vengono conservati in un portafoglio digitale e, appunto, restano esclusivamente digitali.

Il quadro va completato con un accenno alla storia di questi NFT.

La loro origine va infatti trovata nei CryptoKitties o "cryptogatti", un fenomeno ideato dalla compagnia Axiom Zen nell'ormai "lontano" 2017.

Esistono quindi dei gatti digitali la cui identità è garantita da un codice a 256 bit, registrati in modo indelebile sulla blockchain nel sistema Ethereum.

Ad ogni "gatto crittografico" è poi associato un valore numerico, dunque la sua generazione, che ne definisce la rarità.
Più basso è il numero, più prestigioso e prezioso sarà il vostro animale virtuale.

Come se non bastasse, possono anche replicarsi.
Ogni 15 minuti, infatti, il sistema crea un nuovo crypto gatto a partire dai crypto gatti già esistenti, come se si accoppiassero.
Insomma, un vero e proprio gioco che ha causato un boom nella popolarità della rete Ethereum anni fa.
L'obiettivo di Axiom Zen era proprio questo, in realtà, ovvero rendere la tecnologia blockchain più attrattiva e accessibile anche alle persone con scarse conoscenze di tecnologia.
È stato proprio questo fenomeno peculiare a dare origine all'intera realtà odierna dei Non-Fungible-Tokens.
Ma gli NFT possono essere non solo immagini, dunque file jpg, jpeg, png e quant'altro, ma anche GIF, video, mp3, altri contenuti multimediali e potenzialmente persino quadri, automobili, case e altri edifici interi.

A cosa serve un NFT?

Un NFT può essere infatti utilizzato per associare una proprietà reale in maniera univoca a un asset crittografico unico nel suo genere, facendo sì che, alla vendita del token, tale oggetto reale diventi di proprietà dell'acquirente.
L'utilità di questi token è quella di rimuovere dalle transazioni intermediari di ogni tipo, permettendo ad artisti, personaggi famosi o anche comuni cittadini di comprare o vendere una risorsa fisica tramite la sua rappresentazione digitale, tutto ciò in maniera completamente sicura.
Il vantaggio di questa tecnologia è, in primis, la riduzione della probabilità di frode.
Per esempio, un immobile viene associato a un NFT, in quel momento la cronologia delle transizioni precedenti, del cambio di valore della proprietà e tutti gli altri dettagli normalmente memorizzati in pile di carta o database vengono attribuiti all'asset crittografico impedendo la sua duplicazione e, dunque, eventuali tentativi di intromissione nella transazione da parte dei malintenzionati.
Ma si parla anche di un aumento dell'efficienza del mercato, poiché "convertendo" un asset fisico in digitale e rimuovendo gli intermediari dalla transazione vengono ridotti i tempi, migliorando l'economia attuale garantendo una velocità maggiore nello scambio di denaro.
Inoltre, i Non-Fungible-Token risultano ottimi per quanto concerne la gestione delle identità, dato che associando un passaporto a un NFT, entrambi elementi con

caratteristiche identificative univoche, è possibile rendere più rapido ed efficiente l'ingresso in una giurisdizione o l'uscita da essa.

O ancora, un NFT può democratizzare gli investimenti frazionando asset fisici come gli immobili, facilitando la divisione di un bene immobiliare digitale tra più proprietari rispetto al frazionamento fisico.

In altre parole, offrendo un esempio tangibile anche in altri settori, più musei potrebbero spartirsi la proprietà di un quadro tramite NFT, rendendosi così responsabili di una frazione del dipinto e legandosi indissolubilmente alla proprietà di tale opera d'arte.

Forse la possibilità più interessante per le NFT risiede nella creazione di nuovi mercati e forme di investimento: ritornando nel trading immobiliare.

Per esempio, un hotel quattro stelle a Rimini di cui una parte è più verso il centro città e l'altra è sul lungomare potrebbe essere diviso in più NFT che rappresentino le caratteristiche del corrispondente fisico dell'edificio.

La zona sul lungomare potrebbe infatti dare entrate differenti rispetto a quella più verso il centro città, di conseguenza avrebbe un valore diverso identificabile nel token univoco e nei suoi metadati.

L'obiettivo rimane lo stesso: rappresentare una proprietà unica, non copiabile, che resterà per sempre originale nei suoi valori e in tutto ciò che la contraddistingue.

La fatidica domanda è esattamente come il Bitcoin, gli NFT sono semplicemente un trend del momento un rappresentano e rappresenteranno il futuro delle transazioni?.

Vanno considerati molti fattori per trovare una risposta.

Sebbene i Non-Fungible-Token siano decisamente promettenti, al momento l'estrazione di Ethereum necessaria per rendere possibile questa realtà consuma quantità di elettricità estremamente elevate, pari a circa 26,5 terawattora all'anno ovvero quasi quanto l'intero paese dell'Irlanda.

Un primo passo fondamentale, dunque, sarebbe quello di far sì che l'energia utilizzata per il mining (non solo di NFT) provenga tutta da fonti rinnovabili, di conseguenza servirebbero maggiori investimenti in tutto il mondo.

Ma maggiori investimenti potrebbe significare il coinvolgimento dello stato o di organi centrali nel mondo delle criptovalute, da sempre apprezzato proprio per la sua decentralizzazione, ovvero dal fatto che non esiste un singolo leader o ente in grado di costringere tutti coloro che utilizzano Ethereum a passare a un nuovo sistema più efficiente, o magari a standardizzare il Dogecoin anziché il Bitcoin.

Va poi considerato il fatto che il boom del cryptomining sta causando non pochi problemi anche nel resto del mondo tech, dato che tale pratica richiede l'utilizzo delle GPU in quanto sono lo strumento più efficiente per svolgere dei minuscoli e ripetitivi calcoli necessari per creare cryptovalute.

Oggi, quindi, i minatori continuano ad acquistare molti modelli di schede grafiche, se non lotti interi, per assicurarsi una potenza di calcolo estremamente elevata e aumentare la loro ricchezza a discapito di coloro che vogliono costruirsi un PC nuovo per lavoro o per giocare.

Segue, dunque, un'elevata domanda di schede grafiche sul mercato e un'offerta insufficiente, la quale deve

essere compensata dai produttori di chip a cui, però, inizia a mancare la materia prima per produrli, continuando così una catena che porta all'aumento dei prezzi sia delle stesse materie prime che del bene finale.
Quale sarà, quindi, il futuro degli NFT?.
Come per le criptovalute, sarà solo il tempo a mostrarcelo.

Come creare un NFT

Gli NFT hanno preso d'assalto il mondo delle criptovalute e sicuramente ti starai chiedendo come creare la tua arte tokenizzata, o dove collezionarli.

Ecco di cosa avrai bisogno:

1. Meta Mask;
2. Acquista/invia un po' di ETH;
3. Iscriviti a OpenSea;
4. Crea il tuo NFT
5. Invialo sulla blockchain per convertirlo et voilà, il tuo NFT.

- **MetaMask.**

Per prima cosa, dovrai scaricare un portafoglio MetaMask. MetaMask è un portafoglio online che offre l'integrazione avanzata di App, che consente agli utenti di effettuare acquisti attraverso le applicazioni DeFi utilizzando la sua estensione Chrome.

Dovrai annotare la tua passphrase su un foglio di carta per il recupero dei semi e sarai pronto per iniziare.

- **Acquista/invia un po' di ETH.**

L'invio di NFT utilizza la blockchain di Ethereum, quindi sebbene la creazione di un record immutabile della tua immagine sia gratuita, dovrai pagare le commissioni del gas per inviare e convalidare il token.

Invia un po' di ETH che già possiedi al tuo nuovo portafoglio MetaMask o acquistane alcuni.

- **Iscriviti a OpenSea.**

Dopo aver scavato un po' ed aver evitato alcune delle opzioni più costose per la creazione di NFT ho trovato OpenSea.

OpenSea, il "più grande mercato NFT", offre un servizio gratuito di creazione di token NFT, anche se il token dovrà essere convalidato sulla blockchain per essere trasferibile e "reale".

- **Crea il tuo NFT.**

Quando crei l'NFT da un file JPG, puoi scegliere la commissione che il creatore riceverà ogni volta che viene trasferito tra gli utenti.

Gli utenti possono anche aggiungere informazioni all'immagine, come collegamenti ipertestuali, quante copie creare e messaggi segreti a cui solo il proprietario dell'NFT può accedere.

- **Invialo sulla blockchain.**

Essendo una blockchain essenzialmente un record di transazioni, e ovvio che il tuo token NFT dovrà essere trasferito per convalidare la sua esistenza sulla blockchain.

Ora puoi creare NFT da inviare agli amici o creare un capolavoro per cui qualcuno è disposto a pagare milioni punto lascio la scelta interamente nelle tue mani.

Non ci resta che un ultimo step: dopo aver capito come creare un NFT adesso impariamo come a comprarne uno.

Tutti parlano dei Non-Fungible Tokens come la nuova frontiera per l'arte digitale, molti invece vogliono capire come investire sugli NFT.

Considerati i (folli) prezzi a cui vengono venduti, non sorprende che internet sia impazzito per questo nuovo mondo legato sempre alla criptovaluta.
Per esempio, l'NFT del primo twitt del fondatore di Twitter è stato venduto quasi **tre milioni di euro**
 (i proventi sono stati donati tutti in beneficenza).
O ancora, la famosa GIF di Nyan Cat
(il gattino arcobaleno) ha fruttato circa mezzo milione al

suo creatore quando l'ha rivenduta sotto forma di NFT. Anche alle società sembrano interessate agli NFT, come l'NBA che ha colto la palla al balzo buttandosi sul mercato e guadagnando milioni su milioni. Persino il settore del gaming sembra interessato al mercato degli NFT.
Si tratta di un mercato in crescita esponenziale, che non sembra avere limiti.

L'NFT più costoso di sempre? Un'opera dell'artista digitale Beeple, che ha venduto un NFT per ben 69 milioni di dollari.

Ritornando a noi come possiamo comprare gli NFT vi starete chiedendo?
Passiamo subito al concreto: ora vi spiegherò qual è il primo passo da compiere se vogliamo acquistare un NFT.

Immaginiamo di affidarci a uno dei più grandi marketplace di NFT, ovvero il sito OpenSea.
Vi serviranno degli Etherium per comprare, perciò per iniziare dobbiamo acquistare degli Eth e avere un "wallet" (un portafoglio elettronico) dove tenere queste criptovalute comprate.
Quando acquistate online, potresti anche scegliere di affidarvi a una VPN per aumentare il livello di sicurezza della vostra connessione.
Ma cos'è una VPN? È una rete privata virtuale, un vero un servizio attivabile con un click dal vostro computer o telefono, che grazie alla crittografia AES a 256 bit Riesce a proteggere i vostri dati personali e anche a garantirvi

anonimato, visto che si può cambiare indirizzo IP e eppure posizione geografica.

Per comprare degli Eth, lo stesso OpenSea suggerisci del servizio Wallet di "MetaMask": si tratta di un plugin disponibile per Google Chrome.

Dopo aver creato il Wallet, dobbiamo riempirlo con degli Eth, la cryptovaluta usata su OpenSea.

Come vi ho spiegato in precedenza compriamo degli eth su un exchange tipo binance o coinbase.

Potete quindi usare uno questi exchange per poi trasferire gli Eth sul vostro Wallet "MetaMask".

Una volta che i nostri eth siano arrivati sul nostro wallet, apriamo OpenSea per cercare un NFT da acquistare. Ovviamente, dovete prima collegare il vostro account MetaMask al sito di OpenSea.

Il processo è semplicissimo:

- Dopo aver creato l'account MetaMask, accedete al sito di OpenSea
- Cliccate sempre sull'icona in alto a destra del profilo, poi dal menu a tendina scegliete la prima opzione "My Profile".
- Seguendo le istruzioni dovrete collegare MetaMask a OpenSea (usate sempre il browser Chrome dove avete installata l'estensione di MetaMask).

Dopo aver collegato il vostro account, siamo pronti ad acquistare NFT sul marketplace.

Cercate sul sito un NFT di vostro gradimento o quello che più vi interessa se volete investire su NFT.

1. Trovato l'NFT da comprare, cliccateci sopra per ritrovarvi sulla pagina dedicata a quell'opera (dove vedrete il creatore e anche il prezzo).
2. Per acquistarlo, cliccate su "Buy Now".
3. Se avete fondi a sufficienza nel vostro wallet MetaMask, potrete selezionare "Checkout".
4. Cliccate su "Submit" e confermate il pagamento della "gas fee", la commissione per completare la transazione.

Fatto ciò, avrete acquistato il vostro primo NFT, che sarà sempre visibile sul vostro profilo.

Infatti, gli utenti di OpenSea possono anche fare offerte per gli NFT presenti nei profili di altre persone.

Inoltre, certi NFT vengono venduti all'asta (sempre su OpenSea).

In casi del genere, non troverete il bottone "Buy Now" ma l'opzione "Place Bid" cose piazzare la vostra offerta.

SEDICI
La differenza tra token e criptovalute.

Token e criptovalute non sono la stessa cosa.
Infatti, per "criptovaluta" (o "coin") si intende una moneta elettronica basata su blockchain.
Ogni criptovaluta deve avere un suo registro delle transazioni, così quindi ad esempio Bitcoin alla sua blockchain, Ethereum alla sua blockchain.
Insomma, una Coin un registro (solitamente con blockchain).
Una volta creato il registro delle transazioni però bisogna emettere i token, ovvero i "gettoni" che vengono effettivamente scambiati tra gli utilizzatori della criptovaluta, ed i cui scambi saranno transazioni memorizzate sul registro distribuito (ovvero sulla blockchain).
Inoltre, i token elettronici sono frazionati quindi è possibile scambiare anche in frazioni di token.
Ad esempio, un Bitcoin (ovvero 1 token BTC) può essere frazionato fino al centomilionesimo, chiamato "Satoshi", in modo, volendo, da poterne scambiare anche cifre molto contenute.
Tuttavia, quando, grazie agli smart contract di Ethereum, è stato possibile per chiunque emettere dei propri token con una cosiddetta ICO (Initial Coin Offer), è stata creata una netta distinzione tra i token che non hanno un registro proprio, ma utilizzano quello di un'altra coin, e quelli delle valute che invece hanno un proprio registro.
Pertanto, i token delle criptovalute che hanno un proprio registro, come Bitcoin, vengono chiamati "coin", mentre

le monete che vengono emesse sui registri di altre criptovalute vengono perlappunto chiamati solo token.
Quindi Bitcoin è una coin, così come Ethereum, Litecoin, mentre quando si emette un token con una ICO, magari sulla blockchain di Ethereum, questo rimane solo un token.
Un'altra distinzione tra criptovalute è tra quelle che hanno un registro pubblico, da tutti consultabile, come perlappunto Bitcoin, Ethereum, Litecoin, ed altre che lo hanno offuscato, come ad esempio Monero o Zcash.
Queste ultime di fatto rendono irrintracciabili le transazioni proprio perché il loro registro non è completamente e pubblicamente leggibile, e vengono chiamate criptovalute "ad alto livello di privacy".
Invece le criptovalute più tradizionali, come Bitcoin, hanno un registro completamente pubblico su cui chiunque può consultare tutte le transazioni che sono state registrate nel tempo fin dalla nascita.
Inoltre, i token sono minabili.
Alcuni token vengono emessi sulla blockchain di Ethereum, con il formato ERC20, e sebbene siano memorizzati sulla blockchain di Ethereum non hanno nulla a che fare con la coin nativa di questo, ovvero Ether (ETH).
Infatti, bisognerebbe distinguere tra la coin Eth e la rete Ethereum che non sono la stessa cosa.
I token ERC20 non interagiscono in alcun modo con ETH, se non nel momento della ICO in cui chi li acquista solitamente li paga proprio in ETH (a seconda di come viene realizzato e gestito lo smart contract).
Emettere un nuovo token al giorno d'oggi non è complicatissimo perché, in teoria, basta scrivere un

apposito smart contract, ad esempio, sulla rete di Ethereum.

Non è un gioco da ragazzi, ma se si sa cosa si sta facendo in teoria è alla portata di chiunque.

Creare una nuova coin invece è molto più complesso, perché bisogna elaborare un nuovo protocollo, realizzare la mainnet, assicurarsi di avere sufficiente hardware per poterla far girare correttamente, e sperare che qualcuno la usi.

Invece i token usano la mainnet di un'altra coin, quindi è sufficiente emetterli.

DICIASSETTE
Il mining.

Quando si parla di criptovalute, e ultimamente lo si fa spesso, si usa l'espressione "minare".
Ma cosa significa minare una criptovaluta?
E che cos'è il mining?

Sappiamo che la criptovaluta è un asset digitale di cui, attualmente, non vi è autorità centrale di controllo.
Per tale motivo le transazioni e il rilascio di monete si svolgono in modo libero all'interno della stessa rete.
E qui si può iniziare a parlare di mining o creazione.
Minare è, in pratica, il modo usato dall'intero sistema bitcoin (protocollo) e dai bitcoin (criptovalute) per emettere moneta.
Bisogna sapere che il sistema è in grado di memorizzare tutte le transizioni, e lo fa dentro una serie di strutture di dati chiamate blocchi.
Ma affinché un blocco possa entrare a far parte di questa "catena di blocchi" esso deve essere "chiuso" da un elaboratore.
Il modo migliore per chiuderlo altro non è che un codice che può essere "trovato" con algoritmi matematici.
Tutta questa catena di passaggi in qualche modo "protegge" il codice che non potrà mai essere modificato.
Chi scopre questo codice riceverà una forma di ricompensa.
Quale? Una determinata quantità di bitcoin.

Ed è proprio questa operazione ad essere chiamata "mining", un nome che ricorda il lavoro sotterraneo dei minatori per trovare l'oro.

Capire l'importanza del minare criptovaluta e virgola forse, più semplice se si pensa all'emissione di valute fisiche.

Tutti i sistemi monetari del mondo emettono nuove monete attraverso le banche centrali che stabiliscono il valore della moneta che circola.

Ma con le criptovalute la questione è un po' diversa perché, come abbiamo detto, non esiste una centralizzazione; motivo per cui la cripto moneta deve essere generate in modo altrettanto decentralizzato.

Questo problema, che all'inizio della vita dei bitcoin si propose, fu risolto creando un sistema che "regalasse" bitcoin a coloro che facevano parte della rete proprio per premiarli del fatto che fossero loro a fornire potenza elaborativa.

Perché? Per trovare l'algoritmo tutti i cosiddetti miners devono usare una quantità spropositata di energia per poter usare server potenti in grado di generare enormi potenze di calcolo.

Nei primi tempi, minare significava usare il client originario rendendo attiva la funzione che generava monete.

La scheda CPU chiudeva i "blocchi".

All'epoca era possibile perché gli utenti erano pochi e un computer accesso sempre poteva, ragionevolmente, creare migliaia di criptomonete ogni giorno.

Ma con il tempo il sistema si è perfezionato è il protocollo Bitcoin può autoregolarsi. Il che significa che è relativamente più semplice il modo con cui i blocchi

vengono chiusi facendo in modo che tutta la rete nel genere almeno sei ogni ora.
Poi, piano piano, sono aumentati gli utenti "minatori" e quindi il sistema si è di nuovo un po' complicato perché è aumentata anche la potenza di elaborazione.
Tutto ciò comporta una diminuzione di guadagno medio giornaliero.
Inoltre, questo ha portato alla creazione di associazioni di miners, diciamo così, le cosiddette mining pool.

Però, un sistema più complesso è una difficoltà che diventa opportunità.
Infatti, l'aumento di difficoltà ha creato un mercato dando al Bitcoin un valore, al punto che, restando in Italia, vi sono banche che vendono e quotano criptomonete proprio sul mercato delle azioni.
Tutto questo ha come conseguenza la nascita di quello che può essere definito un mining a livello professionale.
Significa inoltre che vengono progettate e create macchine calcolatrici fatte apposta per minare e queste macchine rimangono sempre accese.
Il ricavato conseguente viene rivenduto anche sotto forma di azione, consentendo quindi di investire anche a chi non ha tempo e modo di munirsi delle strumentazioni necessarie.
Minare criptomonete è qualcosa che ha impattato anche la tecnologia non solo la finanza e virgola potenzialmente, tutto il sistema bancario.
Infatti, il mining è passato dall' usare le schede grafiche all'utilizzo di dispositivi logici programmabili e microprocessori specifici.

Attualmente il mining è ancora un sistema per usare il quale è necessaria non solo una grandissima competenza ma anche, particolare non trascurabile, hardware che richiedono notevoli investimenti.

DICIOTTO
Lo Stakes.

Cosa significa fare staking con le criptovalute?
Il termine staking, ormai abusato nel settore del cripto, deriva dalla Proof-of-Stake.
Le prime criptovalute, come Bitcoin, utilizzavano come algoritmo di consenso la cosiddetta Proof-of-Work (PoW), che richiede ai miner di effettuare un certo lavoro, premiandoli con token creati e consegnati a chi riesce a minare un blocco.
Ma la PoW è molto energivora, non consente transazioni veloci e non consente la convalida di grandi quantità di transazioni.
La soluzione a questi limiti può essere la cosiddetta Proof-of-Stake (PoS), che molte criptovalute di seconda e terza generazione hanno scelto di adottare come algoritmo di consenso.
PoS è meno sicura di PoW, ma più veloce ed efficiente.
Il funzionamento della PoS prevede che a convalidare i nuovi blocchi da aggiungere alla blockchain non siano i miner con il loro lavoro, ma i possessori dei token.
Ovvero immobilizzando i loro token possono partecipare al processo di convalida dei blocchi, venendo remunerati in proporzione al numero di token immobilizzati.
Fare staking significa immobilizzare i propri token in modo da farli partecipare al processo di convalida dei blocchi in cambio di un premio.
Esistono due tipi di Proof-of-Stake: PoS e DPoS.

Nel primo caso solo i nodi possono partecipare al processo, immobilizzando i propri token all'interno del proprio nodo.

Nel secondo caso, la Delegated Proof-of-Stake (DPoS), chiunque può partecipare al processo delegando lo staking dei propri token ad un nodo. pertanto, nel primo caso, per potere fare staking bisogna possedere un nodo; nel secondo invece non è necessario.

Ma tuttavia detto che anche nel primo caso esistono nodi che si fanno consegnare token dagli utenti come se fossero in prestito per metterli in staking per proprio conto, corrispondendo una sorta di interesse agli utenti che glieli hanno prestati.

Vi starete chiedendo quanto si guadagna nel fare staking con le criptovalute.

La remunerazione dello staking dipende sia dalla quantità di token immobilizzati, sia da quanti token sono stati messi in totale in staking da altri utenti.

Nel corso del tempo però si iniziato ad utilizzare il termine "staking" in modo molto più generico e non necessariamente connesso alla Proof-of-Stake.

Di fatto si sente utilizzare sempre di più questo termine per indicare qualsiasi attività che preveda l'immobilizzazione dei token e la loro remunerazione.

Ad esempio, Bitcoin non usa Proof-of-Stake, pertanto tecnicamente non sarebbe possibile mettere in staking i BTC.

Tuttavia, esistono dei servizi che consentono di guadagnare interessi immobilizzando BTC su piattaforme che li danno in prestito.

In questo caso, non si tratta di staking vero e proprio, ma l'utente finale questa attività può sembrare talmente simile lo staking che spesso finisce per chiamarla in questo modo.

D'altronde, il verbo "to stake" sta ad indicare una generica "puntata", pertanto ogni volta che dei token vengono "puntati" per ottenerne in cambio un profitto si può utilizzare la dicitura "metterli in staking".

Da notare, infine, che le percentuali medie annue che si possono guadagnare con lo staking variano molto sia da criptovaluta a criptovaluta che di anno in anno.

DICIANNOVE
Pancake

Ho deciso di dedicare un capito intero a PancakeSwap poiché dalla mia prima entrata nel mondo delle crypto questo exchange mi suscitò subito un forte interesse per tutte le possibilità che offriva come stackes e pools.

Degli sviluppatori anonimi hanno lanciato PancakeSwap il 20 settembre 2020.
Il Decentralized EX basato sul BSC utilizza i pool di liquidità senza autorizzazione.
Il protocollo di scambio automatizzato funziona completamente tramite algoritmi.
La moneta PancakeSwap utilizza il gettone CAKE dal nome del delizioso dessert, noto anche come token BEP-20 o Syrup pool.
Vanta transazioni rapide e commissioni di transazione inferiori rispetto ad altri progetti DeFi costruiti su Ethereum.
PancakeSwap consente agli utenti di scambiare token BEP-20.
Consente inoltre loro di utilizzare le proprie criptovalute per fornire liquidità ai pool di scambio e quindi guadagnare token aggiuntivi.

È anche possibile puntare token su PancakeSwap e guadagnare più token con questo metodo.

Ci sono molte opzioni che puoi fare su PancakeSwap ovvero:

- Scambiare token BEP20
- Fornisci liquidità allo scambio e guadagna commissioni
- Metti in gioco i tuoi token LP (fornitore di liquidità) per guadagnare token CAKE
- Stake CAKE per guadagnare più CAKE
- Stake CAKE per guadagnare coin di altri progetti

Alcuni di questi stakes o pools offrono un tasso ritorno annuale davvero molto profittevole.

VENTI
I pericoli relativi alle crypto, le cloud mining & hyip.

In questo capitolo vorrei parlarvi di alcuni rischi relativi che si aggirano intorno al mondo delle crypto.
Iniziamo dalle cloud mining.
Quali sono gli svantaggi e i vantaggi delle varie piattaforme di cloud mining?
Non si tratta solo di Bitcoin ma più in generale per tutte le criptovalute.
Spesso, infatti, i neofiti che cercano come minare Bitcoin su Google si imbattono proprio nel cloud mining, che in realtà ha ben poco a che fare con un vero mining di Bitcoin.

Cos'è il cloud mining?
Le cloud mining consiste nell'acquisto da parte di un qualsiasi utente di una certa potenza di hashing presso un ente centrale che gestisce e possiede una o più mining farm.
Supponiamo, per esempio, di voler acquistare 10 TH/s di potenza di mining per bitcoin presso una piattaforma di cloud mining qualsiasi.
Tale piattaforma vi noleggerà virtualmente parte del proprio hardware per il mining di bitcoin in grado di ottenere l'hashrate desiderato ad un certo prezzo di mercato.
Di solito, l'utente paga una quota iniziale variabile in base all' hashrate, che gli consente di stipulare un

contratto con l'ente che offre il servizio per uno o più anni.

Dopodiché, ogni mese una parte degli introiti destinati alla vostra quota di hashrate viene trattenuta dall'ente, sia per pagare le spese di gestione, quali la corrente elettrica, il raffreddamento, manutenzione ed altro, sia come guadagno aziendale.

Scendendo nel dettaglio, un ente che offre un servizio di cloud mining possiede una o più mining farm sparse per il globo.

All'interno di esse vengono collocati tutti gli ASIC e dispositivi per il mining di bitcoin o altre criptovalute.

Quindi, se un'azienda mette in vendita sul proprio sito una potenza totale di un PetaHash/s (ovvero 1000 TH/s), essa dovrà possedere un numero di macchine in gradi di erogare un hashrate complessivo di un PetaHash/s.

Di solito un'azienda opta per offrire un servizio di cloud mining per minimizzare le tempistiche di ROI.

Vendendo virtualmente il proprio hashrate, infatti, l'ente può ripagarsi gran parte dell'investimento iniziale per l'hardware in tempi assai brevi, piuttosto che minando direttamente criptovalute per sé stessa.

Quali sono i vantaggi del cloud mining?

1. Nessuna conoscenza tecnica richiesta.

Per il neofita che cerca su Google come minare bitcoin si tratta di un servizio molto semplice e veloce da usare.

Esso, infatti, non richiede praticamente nessuna conoscenza reale del mining di criptovalute.

Non serve sapere cos'è un ASIC, non serve sapere cos'è una mining pool, una mining farm, un tool di mining o

che protocolli utilizzare per connettersi alla pool di mining (Stratum o meno).
Basterà semplicemente creare un account, pagare la relativa quota in base all' hashrate che si intende acquistare, con la consapevolezza che maggiore è l'hashrate, maggiori saranno gli introiti, ed attivare il servizio.
I guadagni infatti verranno accreditati direttamente al proprio account.

2. Nessun acquisto di hardware.

Un altro punto di forza del cloud mining è proprio il non dover acquistare nessun dispositivo hardware per minare.
Ciò si traduce nel non dover studiare quali sono i migliori ASIC o schede video per il mining, risparmiando un sacco di tempo. Per l'utente smanettone, l'acquisto, l'installazione e tuning dell'hardware è forse proprio la parte più divertente del mining.
Tuttavia, per chi non ha conoscenze del settore è tutto tempo e studio risparmiato. Forse il vero aspetto positivo del cloud mining è che, non possedendo realmente un determinato ASIC o GPU, non ci si deve nemmeno preoccupare della svalutazione ed aggiornamento del parco macchine.
Il vero e proprio mining con tutti i tecnicismi annessi risulta dunque essere una black box per l'utente finale. Ovviamente tutto ciò verrà pagato a caro prezzo.

3. Nessuna spesa di gestione, calore e rumore.

Avete mai avuto modo di toccare con mano un Antminer S9 per minare bitcoin?
Si tratta di una macchina che consuma 1500 Watt orari.
Produce molto calore e, di conseguenza, emette un rumore assordante dovuto al sistema di raffreddamento.

Si può dunque intuire facilmente che non sono dispositivi da tenere in casa.
Serve uno spazio idoneo a questi device, spazio che deve essere caratterizzato da una buona ventilazione e lontano o isolato dagli ambienti abitativi.
Io stesso discorso vale anche per i mining-rig con più GPU, anche se in questo caso la rumorosità di solito inferiore.
Avere una o più ASIC per minare i Bitcoin richiede anche un'ingente quantità di corrente elettrica.
Di solito i contratti domestici per la fornitura di energia partono da un minimo di 3 kW.
Tuttavia, con uno o più ASIC da 1,5 watt cadauno, diventi insostenibile alimentare l'abitazione e le mining machine in contemporanea per i piccoli contratti.
Dunque, chi, ad esempio, vive in un appartamento, difficilmente potrà minare Bitcoin in casa per tutti i vincoli appena esposti.
Per questo motivo il cloud mining potrebbe liberarsi l'unica possibilità.

Quali sono gli svantaggi del cloud mining?

3.1. Bassi guadagni.
Il fatto di non dover configurare nulla e di avere a che fare con una soluzione già pronta

impatta negativamente sugli introiti, che spesso risultano piuttosto bassi.
Una parte del minato, infatti, viene trattenuta dalla mining farm per le spese.
Inoltre, nel tempo con l'aumento della difficoltà di estrazione di bitcoin o, come accaduto negli ultimi 12 mesi, con il calo del valore della moneta possono verificarsi situazioni in cui il mining porta ben pochi profitti.
Non si tratta poi di un caso così estremo.
Proprio la scorsa estate diversi servizi di cloud mining son stati costretti a interrompere vari contratti ed a fermare le proprie mining farm.
Oltre a queste eccezioni, in generale il cloud mining garantisce introiti piuttosto bassi per chi vuole convertire in fiat mensilmente il proprio minato.
Discorso diverso per chi vuole minare bitcoin da holdare come investimento futuro.
In questo caso, però, forse è meglio comprare direttamente bitcoin, visto anche che col tempo l'hashrate acquistato presso la mining farm tenterà a estrarre sempre meno bitcoin.

3.2.   Un gran numero di truffe.
Si sa, nel mondo delle criptovalute purtroppo vi sono molte finte aziende fraudolente.
Ciò in parte è dovuto alla mancata regolarizzazione del settore, in parte perché

una volta effettuato un pagamento in bitcoin è impossibile annullarlo.

Proprio il settore del cloud mining è spesso stato al centro dell'attenzione per diverse piattaforme truffaldine che vendevano falsi contratti di mining o non pagavano i propri utenti.

Proprio per questo motivo chi è realmente interessato al cloud mining deve effettuare tutta una serie di controlli e verifiche, oltre ad affidarsi solamente alle migliori piattaforme di cloud mining. Lo scam spesso è dietro l'angolo!.

3.3. Favorisce la centralizzazione del network.

Questo punto è più una questione etica legata a chi vuole contribuire realmente al mondo delle criptovalute piuttosto che puntare al solo ritorno economico.

Innanzitutto, va ricordato che minare bitcoin significa contribuire alla sicurezza della rete, validando le transazioni che verranno inserite nei blocchi.

Essendo la blockchain trustless, dunque senza alcun ente centrale, per garantire che non avvengano casi di Double Spending, attacchi spam al network etc, i miner si occupano della sicurezza della rete eseguendo il PoW.

La probabilità di trovare un blocco e dunque ricevere una ricompensa in BTC aumenta all'aumentare della propria potenza di hashing.

Si innesca dunque una vera e propria competizione fra i vari miner.

Per questo motivo, spesso i miner si riuniscono (mining pool) per aggregare il proprio hashrate e dunque aumentare le probabilità di successo.

Se però buona parte dell'hashrate risulta essere concentrato nella mani di una singolo gruppo, si intende almeno il 51% della potenza di hashing totale della rete, tale entità potrebbe attuare un pericoloso attacco del 51%.E' una possibilità assai remota, ma pur sempre possibile.

Bitcoin e tutte le altre criptovalute nascono per essere decentralizzate, dunque senza un ente centrale.

Emerge dunque che il cloud mining favorisce la centralizzazione del mining nelle mani di pochi, perché l'effettivo controllo della potenza di hashing è nelle mani del gestore della farm, non dell'utente finale.

Ciò implica che l'utente non potrà cambiare pool, ad esempio, cosa invece possibilissima per i miner casalighi e che più volte ha permesso alle community di ridistribuire l'hashrate della rete per evitare che una sola pool avesse il controllo del 51% della rete.

Si tratta di un discorso etico che difficilmente ha ripercussioni reali. Tuttavia, chi davvero vuole supportare bitcoin, ethereum, monero o qualsiasi altra criptovaluta con il mining, dovrebbe farlo mantenendo un'adeguata decentralizzazione. Lo stesso ragionamento può essere fatto con i full node,

3.4. Si è vincolati al mining solo di certe monete.
Infine, un aspetto abbastanza importante riguarda le monete che potrete minare.
Il cloud mining di solito è limitato alle principali monete più famose.
Ciò di per sé è un bene poiché andrete a minare solamente criptovalute rodate e dunque affidabili.
Tuttavia, spesso si possono trarre ottimi profitti minando nuove monete al debutto, quando la difficoltà e diffusione è minima. Ovviamente è una scelta rischiosa, ma è possibile solo per i minatori casalinghi che hanno diretto controllo sull'hardware.
Per minare particolari monete, infatti, servono software ad- hoc da installare e configurare manualmente.

Tutto ciò difficilmente è possibile con il cloud mining.
Il mining casalingo (quello vero), dunque, offre molte più possibilità e flessibilità.

Infine, passiamo alle Hype.
"HYIP" è un acronimo che sta per "High Yield Investment Programs", ovvero tradotto in italiano "Programmi di Investimento ad Alto Rendimento".

Quando ci si imbatte in portali che promettono ritorni estremamente alti sugli investimenti si tratta molto probabilmente proprio di questi.
Sono truffe?
HYIP come vi ho già detto in precedenza è l'acronimo di"High Yield Investment Programs", cioè "Programmi di Investimento ad Alto Rendimento", e sono delle piattaforme online che promettono ritorni molto alti sull'investimento.
Sono tornate molto di moda con il diffondersi delle Criptovalute, poiché è molto semplice depositare e prelevare con questo strumento sulle piattaforme senza intermediari e senza sapere di chi sono i wallet in cui finiscono.
Senza girarci troppo intorno, quando vengono promessi dei ritorni superiori all'1% giornaliero su depositi, a tasso fisso, senza che cali, e senza sapere bene come si genera un tale rendimento, sono al 99% truffe.
Sono semplicemente impossibili quei rendimenti, altrimenti saremmo tutti ricchi semplicemente depositando qualche centinaio di euro e lasciandoli lì a moltiplicarsi per qualche anno.
In questi siti truffa ci si imbatte molto più spesso di quanto si pensi e senza una esperienza si possono non riconoscere come tali e si può venire ingannati.
Quando i rendimenti sono assurdi e non c'è un meccanismo che li giustifichi c'è poco spazio all'interpretazione, chiuderanno lasciando qualcuno che è entrato tra gli ultimi con il cerino in mano.
È ovvio che all'inizio paghino molto bene per attirare più persone. Quando la massa di nuovi utenti sarà sufficientemente grande gli ultimi che avranno

depositato saranno tanti, il sito truffa chiuderà e solo quelli entrati prima, se non hanno reinvestito tutto o di più sul sito stesso, avranno guadagnato.
Sicuramente avrà guadagnato chi ha messo in piedi il tutto, che si sarà ben guardato di rimanere anonimo.
Ho detto che ultimamente vengono usate molto le Criptomonete su questi siti, principalmente per facilità di trasferimento, senza intermediari, e per l'anonimato che garantiscono le transazioni in criptomonete.
Ma attenzione, non significa che le cripto monete siano truffe o che non ci siano applicazioni che permettano di guadagnare usando le cripto monete.
Ci sono state varie truffe anche su delle Coin nate solo per frodare, ma tra le cripto ce ne sono tantissime serie e il fatto che quelle serie vengano usate come mezzo di pagamento su piattaforme truffa non implica che siano truffa anche le cripto che sono state usate.
Sarebbe come dire che se per fare una truffa utilizzo i contanti, o li falsifico, tutti i contanti sono una truffa.
Le crypto sono semplicemente un mezzo di pagamento.
Chiusa questa parentesi, i ritorni sproporzionati sono semplicemente insostenibili, poiché se si reinvestissero continuamente i guadagni generati, sfruttando l'interesse composto, che è un concetto ben noto, si arriverebbe nell'arco di pochi anni a cifre astronomiche, con un andamento esponenziale che crescerebbe, con un tasso folle, sempre più velocemente nel tempo.
Chi dice di avere il modo di ottenere questi ritorni potrebbe allora usarli per conto suo e diventare super ricco da solo.
Ci sono HYIP che pagano addirittura più del 2000% dopo pochi giorni! Assurdo.

È cosa nota che ci siano investimenti "più sicuri", che rendono poco, come i Bot ecc, e investimenti "più rischiosi", che hanno dei ritorni più alti quando vanno bene.

E questo è anche giusto poiché "il rischio si paga" e quindi quando vanno a buon fine investimenti più rischiosi, chi si è assunto rischi maggiori, ed ha atteso, deve avere guadagni maggiori in percentuale.

Ad esempio, comprare azioni di aziende in start-up è molto rischioso, ma se queste vanno bene nel tempo le loro azioni si apprezzano molto.

Ed anche il concetto di interesse composto è ben noto, reinvestendo continuamente i guadagni si generano rendimenti sempre maggiori in percentuale.

Però, nel caso della maggior parte delle HYIP si tratterebbe di veri miracoli!.

Sono truffe annunciate, non investimenti ad alto rischio.

Tipicamente le piattaforme insostenibili si riconoscono subito poiché si basano sul fare dei depositi grazie ai quali è possibile avere appunto dei rendimenti "garantiti" fissi, estremamente alti, con i quali attirano nuovi utenti, che è possibile anche aumentare invitando altre persone.

Su alcune, invitare altre persone è proprio un requisito necessario per guadagnare.

Questo è tipico di una struttura con uno schema "multi-livello", in cui cioè si guadagna anche sugli invitati degli invitati su molti livelli di "profondità".

Non hanno un Team ben definito di persone chiaramente identificabili, hanno sedi in paradisi fiscali e in realtà neanche hanno veri e propri uffici.

Inoltre, virgola non spiegano in modo trasparente e convincente come guadagnano così tanto per garantire gli alti rendimenti promessi.

Tipicamente la giustificazione è molto fumosa o dicono di effettuare attività speculative ad altissimo rendimento con i fondi raccolti dagli utenti, ma all'atto pratico la maggior parte di questi nascono per truffare e sparire con i soldi depositati ad un certo punto.

Guardando questi punti elencati già ci si può subito rendere conto di quale potrà essere l'esito scontato per quel sito. il punto è quando smetterà di pagare, cioè quando diventerà, si dice, uno scam.

Ci sono molti scambi che hanno vita brevissima, tipicamente quelli con rendimenti più folli ho altri corredi menti più "umani", che ci mettono di più a diventare insostenibili e possono anche andare avanti per anni, a meno che qualche autorità non intervenga a farli chiudere.

Parlando di "multi-level" è bene precisare che di per sé è una forma distributiva, non è detto che poiché aziende truffaldine usino questo modello, il modello stesso sia truffaldino.

Ci sono varie aziende Multi-level che sono perfettamente legali.

Però è vero che molte aziende insostenibili usano questo modello.

Quando non ci sono altre fonti di guadagno che permettano di avere quei rendimenti, e dunque la totalità o quasi dei guadagni per coloro che "sono entrati prima" arriva dal mero reclutamento di altri utenti che depositano, siamo in presenza di uno Schema Ponzi, che può essere più o meno palese, ma sempre truffa è, e

prima o poi, quando i nuovi ingressi non saranno più sufficienti a garantire i guadagni di chi è "entrato prima", o per volontà degli organizzatori, salterà, lasciando truffato chi è entrato per ultimo o chi è in "negativo".
Come detto, tipicamente quando la truffa e compiute difficile capire chi c'era dietro il sito o probabilmente saranno stati usati dei nomi falsi.
Quindi, quello della trasparenza del team fin dall'inizio è un requisito fondamentale quando sono coinvolti i soldi virgola in qualsiasi forma.
Se già non si sa in partenza chi veramente è a capo di una piattaforma, per esperienza posso dire che quasi sicuramente finirà male.
E anche quella non è una garanzia assoluta.
Bisogna sempre tenere a mente che con le HYIP le probabilità di non riavere mai indietro la somma investita sono elevatissime!
Come ci si difende?
Non partecipando quando ci si rende conto che un sito di guadagno è palesemente un Ponzi, tenendo a mente i punti detti finora, ovvero rendimenti fissi troppo alti sono insostenibili, capire dov'è la sede, se esistono realmente degli uffici, se il team è ben specificato, se il sito è fatto bene tecnicamente, informazioni sul dominio del sito, piano referral, se giustificano i guadagni per coprire i rendimenti promessi in modo chiaro e convincente.
Ricordate, rischiare sempre solo quel che si è disposti a perdere.

Ci sono anche dei siti specializzati (i cosiddetti "monitor") che verificano se questi siti sono apparentemente sicuri e che monitorano lo stato dei pagamenti.

Spesso però accade che, sapendo che li stanno monitorando, un sito potenzialmente scam paghi puntualmente i monitor, ma nel frattempo non altri utenti, o peggio, un sito monitor disonesto potrebbe anche mettersi in combutta con sito scam facendolo passare come affidabile.
Quello che succede a molti che partecipano alle HYIP, attirati dai facili e cospicui guadagni, è che appena avuto un guadagno reinvestano tutto o di più per guadagnare di più, coinvolgano anche altre persone vedendo che funziona, poi il sito chiude e hanno magari perso anche più di quello depositato inizialmente.
Insomma, siti chiaramente insostenibili e non trasparenti per tutti i punti detti sono delle vere truffe da cui stare alla larga, indipendentemente da cosa si usi, euro, criptomonete o quel che sia, quello è solo lo strumento di pagamento, anche se inizialmente "pagano", è ovvio che paghino inizialmente, altrimenti non si iscriverebbero altri dopo.
E rendimenti del genere semplicemente depositando e reinvestendo non possono esistere, altrimenti saremmo tutti milionari, o gli stessi che hanno messo in piedi il tutto non avrebbero bisogno dei depositi delle altre persone, potendo fare quei guadagni così alti per conto loro.
Ci sono investimenti molto redditizi, ma di certo non sono quelli spacciati come senza rischi e dove basta depositare qualche centinaio di euro grazie a dei rendimenti fissi fuori da ogni realtà.

VENTUNO
Il crypto-trading ed il rischio del pump & dump.

Avere una strategia è importante per il successo nel trading, ma lo è ancora di più per i coloro che sono interessati alle valute digitali, data l'estrema volatilità di questo mercato.
La volatilità può essere un'arma a doppio taglio, il mercato è attraente ai fini di investimento, ma allo stesso tempo è particolarmente insidioso.
Ecco perché il tuo piano di trading dovrebbe includere strumenti di gestione del rischio.
Elaborando la tua strategia dovrai anche scegliere la criptovaluta su cui operare, delineando i tuoi obbiettivi e avendo ben chiaro come aprire e chiudere una posizione.
Per lo sviluppo del tuo piano di trading dovrai anche pensare a come analizzare il mercato delle criptovalute, scegliendo tra l'analisi tecnica o l'analisi fondamentale.
L'analisi tecnica cerca di prevedere l'andamento dei prezzi attraverso lo storico dei grafici e delle statistiche di mercato, mentre l'analisi fondamentale guarda a fattori esterni e a dati macroeconomici che possono influire sull'asset digitale.
Qualunque metodo sceglierai di applicare, è importante rimanere informati sulle novità che potrebbero avere un impatto sui mercati, in quanto le criptovalute sono particolarmente sensibili al sentimento di mercato.
Ora vorrei spiegarmi il rischio del pump and dump.
Decine di gruppi di trading stanno manipolando il prezzo

delle criptovalute su alcuni dei maggiori circuiti di scambio online, generando almeno 825 milioni di dollari di trading negli ultimi sei mesi e centinaia di milioni di perdite per coloro che si sono trovati dal lato sbagliato, è quanto risulta da un'analisi del Wall Street Journal, che ha analizzato le statistiche sulle negoziazioni e le comunicazioni online tra i trader nel periodo da gennaio e la fine di luglio scorso, identificando 175 schemi cosiddetti pump and dump (pompa i prezzi e poi scarica realizzando i guadagni) che hanno coinvolto 121 diverse monete digitali: questi schemi prevedono un improvviso aumento dei prezzi e un calo altrettanto subitaneo pochi minuti dopo.

Il pompaggio e scarico è uno delle più antiche forme di frode di mercato: gli operatori esaltano il prezzo di un'attività prima di scaricarla a loro profitto e lasciando gli investitori con il cerino in mano e le azioni crollate di prezzo.

La Securities and Exchange Commission (Sec) intenta regolarmente cause civili per questa tecnica fraudolenta quando è applicata ai titoli quotati in borsa.

Le manipolazioni delle criptovalute non sono diverse, ma le autorità di regolamentazione non hanno ancora deciso come intervenire in questo mercato più opaco.

Interpellata dal Journal, la SEC non ha voluto commentare.

"Le borse online che trattano criptovalute sono mercati non regolamentati, quindi il tipo di manipolazione del mercato vietato, per esempio, alla Borsa di New York, lì può essere sostanzialmente effettuato impunemente", ha detto Ben Yates, un avvocato di cryptocurrency presso la RPC di Londra.

Le cosiddette caldaie di un tempo (Boiler room, i luoghi dove i trader effettuavano in passato questo tipo di attività) hanno un analogo online nel gruppo di pompaggio, una chat room dove si riuniscono i trader di criptovalute.

La chat più importante delle decine analizzate dal Journal è Big Pump Signal, con più di 74 mila follower sull'applicazione di messaggistica Telegram.

Ed è anche la più prolifica: dopo aver lanciato la sua chat su Telegram alla fine di dicembre, quando si erano esaurite le dimensioni della chat su un'altra applicazione di messaggistica, Discord, il gruppo ha promosso 26 operazioni di pompaggio con negoziazioni per 222 milioni di dollari.

Il WSJ ha trovato molti altri gruppi di questo tipo ma queste operano in chat room private, accessibili solo su invito, generalmente sotto la supervisione di un moderatore anonimo.

Questi schemi sono diventati più pervasivi in seguito alla recente esplosione delle Ico (Initial coin offering), i gettoni digitali simili a titoli, venduti dalle start-up per raccogliere fondi a favore dei loro progetti.

Queste Ico hanno raccolto circa 20 miliardi di dollari negli ultimi 18 mesi rispetto ai 300 milioni in tutto ottenuti tra il 2014 e il 2016, secondo sito di ricerca CoinDesk.

La strategia di Big Pump Signal è semplice, annunciare una data, un'ora e la borsa online per effettuare il pompaggio.

Al momento stabilito annunciare, o segnalare, la moneta che viene pompata, e lasciare che i trader creino una frenesia di acquisto, per poi vendere rapidamente.

Tutto può accadere in pochi minuti e trader vittoriosi si vantano pubblicamente i loro profitti.

Al contrario chi si fa ingannare da questi sbalzi improvvisi magari dettato dall'euforia rischia di comprare ad un prezzo molto alto e in pochi secondi vedere il prezzo scendere e quindi perdere parecchio capitale.

VENTIDUE
Dichiarazione e finanza

Tassazione e regime fiscale delle nuove criptovalute

Al momento di scegliere la criptovaluta su cui investire ti sarai chiesto: e le tasse delle nuove criptomonete?
Che siano esenti da tasse non lo abbiamo neanche ipotizzato, ma a quale regime fiscale sono sottoposte?
Di fronte a misure politiche che vogliono introdurre tasse sui prelievi in contanti e sull'uso di questo, che tipo di tassa pagano le criptovalute?
Sicuramente, se trattate o avete intenzione di trattare con queste valute, vi siete posti il problema.
Non sono monete ancora legali, quindi dovremmo pagare la tassa sulle plusvalenze pari al 26%? Riconoscendoli e classificandoli come puri strumenti finanziari?
La risposta è "ni".

E quale regime si applica agli investimenti criptovalute?

A queste domande, vista la novità delle criptovalute, sono cominciate ad arrivare risposte regolamentari solamente nel 2013, e fino al 2015 tutti gli Stati europei amministravano e regolamentavano a loro modo le criptovalute.
Un "ordine sparso" come riconosciuto da Agenzia digitale dovuto a Paesi, ma anche singoli cittadini, che considerano le criptovalute beni immateriali e Paesi che li considerano denaro.

Considerando le criptovalute beni immateriali, esse devono essere assoggettate all'Iva, ma se li si considera tali sorgono, invece, molte e tante difficoltà per chi non li considera altro che una valuta come, ad esempio, i dollari.
Se vengono poi considerati valute il regime fiscale e la stessa Iva imponibile cambiano.
È questo il grande dubbio: sono beni immateriali o valute?
Nel tempo si è cercato di rispondere e la risposta sappiamo non sarà definitiva.
Anche il nostro Paese ha scontato tale ritardo e così alcuni operatori hanno dovuto utilizzare giurisdizioni estere come Regno Unito e Finlandia, dove vi erano norme più chiare e precise.
L'Agenzia delle Entrate italiana si è pronunciata sulle criptovalute nel 2016 per il regime d'impresa e solo nel 2018 per i semplici cittadini.
Ma a quali decisioni e regolamentazioni si è arrivati?
La prima a regolamentare le criptovalute è stata la Corte di Giustizia dell'Unione Europea che il 22 ottobre 2015 ha, con sentenza (sulla causa C-264/14), dato una definizione di criptovaluta e assimilandola al denaro e comunque non come bene immateriale.
Qui di seguito la definizione di criptovaluta emersa dalla sentenza:
"Una valuta virtuale può essere definita come un tipo di moneta digitale, non regolamentata, emessa e controllata dai suoi sviluppatori e utilizzata ed accettata tra i membri di una specifica comunità virtuale. La valuta virtuale «bitcoin» fa parte delle valute virtuali «a flusso bidirezionale», che gli utenti possono acquistare e

vendere in base ai tassi di cambio.
Tali valute virtuali sono simili ad ogni altra valuta convertibile per quanto riguarda il loro uso nel mondo reale.
Esse consentono l'acquisto di beni e servizi sia reali che virtuali. Le valute virtuali sono diverse dalla moneta elettronica".

Leggi e tasse in Italia sui tuoi investimenti in criptovalute.

Il nostro Paese offre un quadro normativo sufficientemente chiaro per le nuove monete virtuali.
La definizione di criptovaluta si trova prima nella risoluzione dell'Agenzia delle Entrate 72/E del 02/09/2016 che definisce il bitcoin come valuta o criptovaluta alternativa a quella a corso legale.
Poi il D.lgs 25/5/2017 n. 90 si formula in maniera estesa la definizione della valuta virtuale quale:
"La rappresentazione digitale di valore, non emessa da una banca centrale o da un'autorità pubblica, non necessariamente collegata a una valuta avente corso legale, utilizzata come mezzo di scambio per l'acquisto di beni e servizi e trasferita, archiviata e negoziata elettronicamente".
Il regime fiscale è invece regolamentato a seconda del soggetto che tratta le criptovalute, se in regime di impresa o non.

Nello specifico sono 3 le delibere definitorie:
- La Risoluzione Agenzia Entrate 72/E del 2/9/2016 per contribuenti in regime di impresa.

- La Risposta Agenzia Entrate ad Interpello 956-39/2018 per contribuenti non in regime di impresa.
- La Risposta Agenzia Entrate ad Interpello 903-47/2018 sempre per contribuenti non in regime di impresa. Per i soggetti in regime di impresa le criptovalute sono assimilate alle valute estere.

Con questa classificazione vanno contabilizzate tutte le operazioni in criptomonete.

Contabilità delle criptovalute su cui investire

Si può usare la contabilità plurimonetaria.
La differenza di cambio dei saldi è a fini fiscali rilevanti, nella determinazione degli utili e delle perdite le cripto/ICO si intendono movimentate secondo criterio LIFO e così via.
Per una dettagliata definizione degli obblighi consigliamo di approfondire la materia sul TUIR del 2019.
Sono entrate in vigore poi le nuove norme antiriciclaggio per le nuove criptomonete.
Inoltre, nella redazione del bilancio d'impresa, non esistendo ancora una voce riconosciuta, è bene consultare e mantenersi aggiornati con quanto norma il codice civile e l'Unione Europea.
Per i soggetti non in regime di impresa, privati, enti senza scopo di lucro, insomma, per tutti gli altri, le criptomonete e le ICO sono anche qui assimilate a valute estere.

Le conseguenze di queste definizioni comportano per il singolo che:

- Gli utili o le perdite che si realizzano con le criptovalute, con le ICO tenute nel wallet e presso gli exchange o altri depositari vanno espresse nel modello Unico, se nell'anno solare la giacenza complessiva in aggiunta alle altre valute estere, tipo dollari, è stata maggiore di 51.645,69 euro e per almeno 7 giorni lavorativi continui.

Se si supera la soglia di giacenza bisogna indicare tutti gli utili e perdite delle operazioni fatte nell'anno solare, anche se precedenti alla data in cui la soglia è stata superata (circolare ministeriale n. 165 del 24.6.1998) e se derivano da contratti a termine.

- Qualora non si superi la giacenza di cui al punto precedente, tutti gli utili e le perdite sono fiscalmente irrilevanti e non dovranno essere dichiarate o tassate.

Come fare la dichiarazione delle criptovalute

È obbligatorio compilare il quadro RW se non si vuole incorrere in pene per evasione fiscale.

In particolare:

- Se le cripto/ICO sono detenute in wallet, indicando il controvalore delle criptovalute / ICO al cambio al 31/12, dato che, per questo quadro, le cripto/ICO sono considerate attività finanziarie estere detenute fuori dal circuito degli intermediari finanziari residenti (richiamo alla circolare

23/12/2013 38/E paragrafo 1.3.1 e all'obbligo di compilazione del quadro RW).

- Se le cripto/ICO (cioè le attività finanziarie estere) sono detenute all'estero (exchange esteri).

Ne emerge così un quadro di regolamentazioni abbastanza complesso.
Bisogna valutare al momento in cui si inizia ad operare con le cripto, ma anche qui con un po' di pazienza e una certa pratica diventerà solo una questione di routine o un po' di lavoro per il vostro pazientissimo commercialista.
Le nuove criptomonete in Italia sono anche assimilabili a mezzi di pagamento.
Ma essendo peculiari strumenti di pagamento, ricadono in uno specifico caso di esenzione IVA, previsto dall'art. 135, paragrafo 1, lett. e), della Direttiva 2006/112 in materia di IVA.
Riassumendo dunque le nuove criptomonete sono soggette a imposta sui redditi ma non all'IVA.
Ricordate di fare attenzione alla giacenza, considerare il vostro wallet come un libretto o conto corrente può aiutare e a redigere il quadro RW nell'Unico o nel vostro 730.

INDICE

Introduzione 1

UNO – Il mondo delle criptovalute 2

DUE – Cos'è il BTC 4

TRE – Cos'è ETH 8

QUATTRO – Cos'è la blockchain 13

CINQUE – Dove comprare le crypto 20

SEI – Cos'è un exchange e a cosa serve 23

SETTE – Cos'è un crypto wallet, come funziona e le diverse tipologia 25

OTTO – Guadagna le tue prime crypto gratis 34

NOVE – Airdrop & privat sale 37

DIECI – Cosa sono le ICO e i suoi rischi 42

UNDICI – Token defi 44

DODICI – La differenza tra le blockchain centralizzate e decentralizzate 48

TREDICI – Protocolli PoS e PoW 53

QUATTORDICI – Cos'è un token 57

QUINDICI – Cos'è un nft 60

SEDICI – La differenza tra le criptovalute e i token 72

DICIASSETTE – Il mining
.... 75

DICIOTTO – Lo stackes
.... 79

DICIANNOVE – Pancake
.... 82

VENTI – I pericoli relativi alle crypto
" le cloud mining & hyip "
....84

VENTUNO – Le basi del trading con le criptovalute, rischi del pump and dump
.... 98

VENTIDUE – Dichiarazione e finanza
.... 102

www.ingramcontent.com/pod-product-compliance
Lightning Source LLC
Chambersburg PA
CBHW070658220526
45466CB00001B/486